U0570118

真宗咸平二年孫暨榜

會稽 錢易

大中祥符元年姚曄榜

山陰 杜衍 第四人有傳

大中祥符五年徐奭榜

山陰 傅營　陸軫

大中祥符八年蔡齊榜

會稽 齊廓 秘書監有傳

蕭山 王絲 鹽鐵判官有傳

天禧三年王整榜

山陰傅瑩 營之弟

會稽孫沔 樞密使 有傳

新昌石待旦 有傳

仁宗天聖二年宋郊榜

蕭山卜伸

天聖五年王堯臣榜

嵊史綸 屯田員外郎

新昌石待舉 待旦弟 石待致 待舉弟 石元之 待旦子

天聖八年王拱辰榜

會稽齊唐

景祐元年張唐卿榜

蕭山 沈衡 郎中

嵊 史叔軻 綸之子侍郎

寶元元年呂溱榜

山陰 褚珵

會稽 沈紳 操之子卒謚文肅 錢彥遠

慶曆二年楊寘榜

會稽 朱奎 徐紘

蕭山 汪泌

嵊 茹約

新昌石牧之有傳　石衍之　石象之太子中允

袁轂縣丞　石亞之元之弟

慶曆六年賈黯榜

山陰梁佐

會稽何玠　朱琮　陳惟湜

皇祐元年馮京榜

會稽關杞　關希聲　余叔良

任秉　楊庋

蕭山王霽綵之子校書郎

餘姚胡稷屯田員外郎

諸暨 宋方　馮滋

新昌 王醇　石麟之 待旦子 第二人

皇祐五年鄭獬榜

會稽 韓希文　應瑜　張琦

李爕

嵊 姚甫　茹開

嘉祐二年章衡榜

山陰 王淵　褚理 珵之弟　傅傳正

唐發

會稽 余京

諸暨章蒙 知縣

新昌石深之 衍之弟　石景淵 象之子

嘉祐四年劉煇榜

會稽關景仁

嵊姚勔 祭酒有傳

嘉祐六年王俊民榜

山陰褚珪 理之弟

會稽錢嵊　張燾　馮豫

蕭山顧沂 光祿大夫

新昌袁轂 州知事

嘉祐八年許將榜

山陰 褚唐輔

會稽 關景暉 景仁弟 張濟

諸暨 高彖

英宗治平二年楊汝礪榜

會稽 余弼 王長彥

治平四年許安世榜

新昌 黃兌 梁輿 太常左丞拜駙馬都尉 黃諶

神宗熙寧三年葉祖洽榜

山陰 陸佃 軫之孫左丞有傳 陳侁

蕭山　沈銜

熙寧六年余中榜

山陰　王容淵之子　陸傳佃之弟

會稽　關澥　鍾昇　沈箋

蕭山　沈義　鄭知微　王彥昌

諸暨　韓羽　張鎮

新昌　石景衡衍之子知州

熙寧九年徐鐸榜

會稽　張祖良

餘姚　虞昆

諸暨黃彥大中大夫文安縣開國男

嵊史安民鑰之姪中大夫

元豐二年時彥榜

會稽華鎮有傳

元豐五年黃裳榜

會稽沈充　徐充　戚儀

詹京　蔡繪

諸暨朱戩知縣有傳

新昌黃詔　石景衎衎之子員外郎

元豐八年焦蹈榜

山陰丁希說　傅勉　梁藎佐之孫

會稽張瞉

餘姚虞賓知縣有傳

哲宗元祐三年李常寧榜

山陰朱興宗

蕭山吳孜

餘姚陳毅縉雲令

元祐六年馮涓榜

山陰陳兢兟之兄　唐翊穀之子有傳

會稽朱卭

諸暨　馮谷

嵊　黄特　知府

新昌　石公輔　賜名公弼衍之孫兵部尚書有傳

紹聖元年畢漸榜

嵊　求移忠　吏部尚書

新昌　梁休泰　弘文館傳士遷平章

紹聖四年何昌言榜

山陰　陳揚庭　徽宗賜名過庭有傳

餘姚　虞大猷

虞寅　賔之弟

嵊　姚舜明　侍制有傳

元符三年李釜榜

會稽 盛旦

餘姚 錢克忠

諸暨 黃日新　黃無愿 文林郎

新昌 石端平

徽宗崇寧二年霍端友榜

山陰 唐竦 穀之子

會稽 徐公佐

蕭山 方喆　方赫 喆之弟

上虞 陳濤　陳灌 濤之弟 特奏名

嵊求元忠移忠弟知府贈通奉大夫　姚棐忱知縣

新昌石彥和景晷子知州

崇寧五年蔡薿榜

會稽郁藻　潘彬主簿

上虞李光參知政事有傳　陳起莘特奏名

新昌石端誠

大觀三年賈安宅榜

山陰褚唐舉理之子

會稽臧言　華初平鎮之子太常博士附父傳

張宇發祖良子徽猷閣侍制有傳　王輀

蕭山　孫寶著　宣教郎　孫忻

上虞　黃通　王俊　嵊　過卓　知縣

新昌　石公恕

政和二年莫儔榜

會稽　張公彥

諸暨　朱常　郭亢　高桓

新昌　石公揆　景衍子侍御史有傳

政和五年何㮚榜

山陰　傅崧卿　墨卿從兄給事中有傳　杜師文

陸長民　軫曾孫

會稽　張翮　錢唐休

蕭山　王致柔

餘姚　葉汝平通判

上虞　王眞卿　張述中

諸暨　韓滉羽之子

政和八年嘉王榜宋志嘉王楷第一登仕郎王昂第二徽宗宣諭嘉王云有司考在第一不欲以魁天下乃以第二人爲榜首

山陰　諸葛行敏

會稽　錢唐俊唐休弟　孫閌

餘姚　陳槖敎之子刑部侍郎有傳

上虞黃韶中通之子　張延壽

嵊姚景梁

宣和三年何渙榜

山陰梁仲敏遘之子諫議大夫有傳　徐顯

會稽陳陞

上虞桂章　孫彥材　王賓

王休俊之兄

嵊黃唐傑通判

新昌石嗣慶彖之曾孫通判

宣和四年賜同進士出身

山陰傅墨卿正之子有傳

宣和六年沈晦榜

山陰諸葛行言行敏弟

會稽謝作

餘姚胡尚智會稽籍

高宗建炎二年李易榜

山陰唐閎發之孫有傳　梁仲寬遘之子

會稽陳炳　孫適　詹彥若默之子

上虞李貫特奏名

紹興二年張九成榜

山陰葉蕃　杜思旦

蕭山吳康年　張震金紫光祿大夫吏部尚書

諸暨黃嘉禮

新昌石襲慶改名延慶嗣慶弟

石公轍公弼弟特奏状元有傳

紹興五年汪應辰榜

山陰王俊彦

會稽王賓

餘姚虞仲琳附父賓傳　虞仲瑶賓之子侍講　胡沂吏部尚書有傳

茅崈松陽令

上虞李孟傳光之子附父傳

諸暨馮耀卿　馮羽儀谷之子

新昌石師能象之孫第二人縣丞

紹興八年黄公度榜

會稽繆涯

上虞稽琬

紹興十二年陳誠之榜

山陰唐閎翊之子起居舍人有傳

會稽徐几　詹承家京孫　詹林宗承家弟

餘姚傅世修　錢移哲　葉汝士汝平弟

嵊　張攄歸姓馮　馬佐

紹興十五年劉章榜

山陰　張之綱　傅晞儉　梁仲廣溝之子

上虞　吳公輔　宋延祖

諸暨　吳珪起居舍人

嵊　黄昇　茹紹庭

新昌　石墪有傳

紹興十八年王佐榜

山陰　王佐俊彥子戶部尚書有傳　陸升之長民子

陸光之長民子　張頍　沈壽康

會稽詹亢宗林宗弟
餘姚高選武當軍節推
嵊周汝士左奉議郎　茹驤
紹興二十一年趙逵榜
山陰唐準翊子
餘姚孫大中一云諸暨人
上虞李澤特奏名
紹興二十四年張孝祥榜
山陰王公衮俊彦子有傳
餘姚茅寵嵤弟　虞時中仲瑆子

上虞　貝欽世有傳　趙伯溥

諸暨　黃開縣令有傳　黃閌文思院監　黃閣軍器監

新昌　石邦彦通判　章木

紹興二十七年王十朋榜

會稽　孫國安適之子

嵊　姚筠　周汝能主簿

新昌　許從龍知州

紹興三十年梁克家榜

蕭山　顧宣

上虞　李以成特奏名

諸暨馮時敏羽儀子　黃闓閣之弟知州

嵊姚廷衮

紹興三十二年賜進士出身

山陰陸游佃之孫有傳

孝宗隆興元年木待問榜

山陰俞亨宗有傳　莫叔光宋志山陰人

會稽魏中復　許蒼舒

蕭山張孝伯有傳

餘姚王逨有傳　李唐卿

上虞丁松年　趙伯泌　嵊趙師仁

新昌 石斗文 有傳　黃度 兵部尚書

乾道二年蕭國梁榜

山陰 張澤 兵部尚書　杜弼　傅順

會稽 楊寅　張仲宗

餘姚 虞汝翼 賓之曾孫　蕭山 王日永　王日新 俱致柔子

上虞 邢世材

諸暨 王正之 縣令　王厚之 浙東提刑有傳

乾道五年鄭僑榜

山陰 陸洙 游之弟

會稽 曾槩

諸暨王誠之正之兄教授　王訢　黃誾誾之弟朝奉郎

乾道八年黃定榜

會稽錢粢唐俊子　張拱辰宗仲姪　張亨辰拱辰弟

許開蒼舒孫

蕭山卜芸

諸暨王賁之縣丞

嵊高宗商改名商老　任惟寅

新昌石宗昭公揆孫附祖傳　梁文刺史遷左丞

是年八月賜同進士出身

嵊姚憲舜明子參知政事附父傳

淳熙二年詹騤榜

會稽　詹騤林宗子字晉卿累官至龍圖閣學士知定國府以文學政治聞

盛勛

蕭山　方秉文

餘姚　孫應時有傳　李友直有傳

諸暨　鄭大成

嵊　桂森　周之綱教授　唐錡

新昌　石朝英

淳熙五年姚潁榜

山陰　唐漼準之弟

蕭山 徐邦傑

餘姚 厲居正　朱元之 有傳

上虞 尚朴　陳杞　貝襲慶 欽世子

淳熙八年黄由榜

山陰 宋駒　陸子愚 長民孫　梁汝明

諸葛千能 行敏姪

會稽 魏挺

蕭山 張叔椿

餘姚 趙廷昂 廷衮兄　葉恢 汝平子　朱元龜 元之弟

淳熙十一年衛涇榜

山陰陶廷俊　陸洋

會稽施累　董之竒

蕭山吳雲

餘姚虞時恍時中弟　虞時憲

上虞李唐卿特奏名　潘友端

嵊白公綽縣丞　姚一謙

新昌黄邁度之子

淳熙十四年王容榜

會稽徐三畏

上虞杜思恭有傳

嵊周之瑞教授　應爕翰林承旨　郭綽翰林承旨

新昌石宗萬宗昭弟兵部侍郎　黃克仁

光宗紹熙元年余復榜

山陰諸葛安節行敏姪　莫子緯叔光子

會稽潘方

餘姚陳用之槖之孫

上虞豐友俊

諸暨陸唐老

紹熙四年陳亮榜

會稽許閎開弟　王度　劉宗向

餘姚　陳用之　再登科

上虞　趙師古

嵊　宋叔壽

寧宗慶元二年鄒應龍榜

山陰　莫子純　叔光姪狀元以有官充第二人有傳

會稽　曾勲　王淑　楊拱辰

蕭山　馮大受　方秉成　秉文弟

上虞　陳無損　趙汝洙　趙汝旻

陳居大　特奏名

諸暨　馮景中　時敏子　黃伸　嘉禮子法曹

新昌石宗魏教授　王夢龍有傳　石宗玉景衎曾孫

慶元五年曾從龍榜

山陰傅誠墨卿玄孫

會稽曾黯槩姪　張撫辰宗仲子

餘姚胡衛沂孫禮部侍郎

上虞李知新

嵊王復明　茹騤縣丞

新昌呂冲之僉判附兄大亨傳　石孝溥宗昭子

嘉泰二年傅行簡榜

蕭山方秉哲秉文弟　張炳

上虞陳堯卿特奏名　江濬特奏名

新昌楊轟禮部侍郎　袁一之縣令

開禧元年毛自知榜

山陰梁簡仲寬孫

會稽張浹辰宗仲子

上虞陳謙特奏名

嵊盧補之　申宋說　田廙

任必萬叅議　過文煥通判

新昌黃庭度弟教授

嘉定元年鄭自誠榜

山陰諸葛興行敏姪

餘姚余一夔

上虞劉昌宗特奏名

諸暨黃篪知太安軍

嵊周之章之瑞弟

嘉定四年趙建大榜

山陰唐檵翊曾孫

餘姚盧埴時中孫

上虞李知孝光孫　李復光曾孫

嵊榮𤋮辰　錢難老　茹彧

新昌呂堯仲　石繼喻整之子特奏狀元宣義郎

嘉定七年袁甫榜

會稽朱晉　陳亨祖

餘姚趙彥慽有傳　孫之宏

上虞徐杭特奏名

諸暨姚狆　章夢光　黃應隆知南雄軍

新昌呂大亨有傳

嘉定十年吳潛榜

山陰閻璋　楊權　丁煇希説曾孫

丁燧煇弟　尹煥　鄭大中

陸若川升之孫

餘姚葉明道汝士孫

上虞劉漢弼有傳　沈昌齡特奏名

諸暨章又新

嵊姚鏞監丞所著有雪蓬藁　周宣子之綱子

新昌袁行之教授

嘉定十三年劉渭榜

山陰諸葛十朋行言曾孫

會稽王秙　尤孟遠

餘姚孫祖祐應時姪　茅彙征

上虞陳彥漸特奏名
諸暨林嘉會
嵊過必寀
新昌王祖洽端明殿學士　王爚有傳　石森
嘉定十六年蔣重珍榜
山陰王建封
餘姚聞人知名　毛遇順有傳
上虞莊黼　趙時彌　莊敬之特奏名
嚴濟寬特奏名
諸暨趙汝銓　趙希鵠　劉志

嵊　周溶孫宣子之子

理宗寶慶二年王會龍榜此榜上虞志有趙姓七人宋志無今削之

餘姚　楊瑾有傳

紹定二年黄朴榜

蕭山　張飛卿通直郎又見嵊　戴鯨廸功郎

上虞　杜夢龍特奏名　張師夔特奏名　趙希彰

嵊　勞崇之　張嵩卿太常博士　任貴必萬子知縣

紹定四年慶壽恩釋褐賜進士出身

會稽　王傑

紹定五年徐元杰榜

山陰陶夢桂廷俊孫　陸壄佃五世孫後改名景思

會稽葛焱　施退翁　胡昌

陳錫禹　楊釋回拱辰姪

餘姚孫子秀有傳　孫自中通判　王世威

楊炎　戴鐸　陳煥知邵武軍

上虞梁大受　李衢光曾孫　莊驥特奏名

高不恩特奏名

諸暨陳宣子縣丞

嵊過夢符　王鵬舉　王景壽

趙汝厓

新昌楊國英錄事參軍　王華甫有傳　呂秉南冲之孫有傳

端平二年吳叔告榜

會稽施德懋知建平有傳

上虞孫燁祖　趙汝謣

諸暨馮喜孫谷四世孫

新昌俞公美

嘉熙二年周坦榜

會稽劉會　全清夫　胡太初余潛子

韓境琦六世孫

餘姚戴得一鐸兄　錢紳移哲曾孫通判　戴浩得一子

楊瑆 瑾弟　孫嚞 子秀姪 知常州　袁灝

趙嗣賢

上虞 孫逢辰 特奏名　趙崇櫝

嵊 過正巳 文煥弟 叅軍　屠雷發 觀察使

淳祐元年徐達夫榜

餘姚 陳膺祖 槖玄孫　鄭熈載　馮平國

趙與棨　趙希年

淳祐四年留夢炎榜

餘姚 張良孫 知縣　任西之　趙若淮

上虞 陳熹之　杜振 特奏名

諸暨 章夢璞

嵊 楊光之　陳肖孫　李士特

朱元光

淳祐七年張淵微榜

餘姚 葉秀發　王公大　馮濟國

孫嶸叟　趙若秀

淳祐十年方逢辰榜

餘姚 胡夢麟知壽昌軍　孫林嶸叟父縣令　方李仁

上虞 夏夢龍特奏名

諸暨 胡杲轉運使　黃雷

嵊　董元發　商又新紹興撫參

新昌　王燦　王祖直

淳祐十三年

新昌　楊國英

寶祐元年姚勉榜

山陰　陸逵　陸勉

會稽　沈翥紳五世孫　夏仲亨　唐震有傳

餘姚　趙與縉特奏名　孫象先之宏姪教授　陳夢卓膺祖姪黄巖尉

孫炳炎有傳　李碩教授　錢愜

上虞　趙良坦有傳　趙崇璭特奏名

嵊　毛振

新昌　石書問　有傳

寶祐四年文天祥榜　按丙辰登科錄止十人新昌志增者俱削之

會稽　徐理

餘姚　姚會之　何林　莫子材

張順孫　良孫弟　趙時泰　縣令

上虞　杜應之　劉漢傳　有傳　趙必成

趙良俊

開慶元年周震炎榜

會稽　季應旂　御史

餘姚　孟醇教授　朱國英元之孫縣令　趙時堅縣尉

趙若鐩　晏垚殊六世孫隆興府司法官

嵊　劉瑞龍　陳碩臨安通判授春秋于石宗魏忤賈似道而罷

新昌　俞淅有傳　潘時晦　袁同

景定三年方山京榜

山陰　徐天祐有傳

會稽　陸天驥

餘姚　方山京本慈谿人後居餘姚有傳　黃焱太常博士

黃遇龍江浙提刑　華景山臨川簿　陳開先

上虞　徐斗祥

諸暨 吳天雷　吳大順　王煓

嵊 許彙 有傳　張霆

度宗咸淳元年阮登炳榜

餘姚 王峻 世威姪　朱沐

上虞 趙崇璲　趙與闢　趙良坡

趙友直

嵊 趙炎　趙汝檬　俞相

高子埜

新昌 袁儒　呂淵 由國子發解台州司理

俞湘 浙弟　吳大順　王煓

潘煥

咸淳四年陳文龍榜

餘姚俞廷簡有傳

諸暨胡庸　張翼

嵊朱士龍　朱得之士龍姪　商夢龍知縣

新昌石余亨有傳　袁範

咸淳七年張鎮榜

山陰杜淑　鍾離常

餘姚厲元吉

諸暨楊潭一云餘姚人　吳去疾一名幼安縣丞

咸淳十年王龍澤榜

餘姚陳應庚東陽尉　周汝暨溧水尉　宋鑒孫承節郎

新昌袁應春儒之子龍興教諭　袁桂司戶

元

仁宗延祐二年張起巖榜

山陰張宏道太平路經歷

延祐五年霍希賢榜

山陰邵貞

餘姚岑良卿奎章學士

英宗至治元年林仲節榜一云宋本榜

山陰陶澤稽山書院長又云諸暨人

餘姚岑士貴廉訪使一云黃巖判官

廢帝太定元年張益榜

山陰　傅堅

嵊　費述慶元路鄭山書院山長

太定四年李黼榜

山陰　趙宜浩

會稽　邵德潤

諸暨　楊維禎　胡一中有傳　倪景輝

文宗至順元年王文燁榜

諸暨　郭性存

新昌　馬剌卅回回人侍父哈丁任新昌籍

順帝至正二年陳祖仁榜

會稽姚儒文　邵仲綱

至正五年張士堅榜

諸暨申屠性　王賀

至正十一年文允中榜

會稽邵仲英　錢宰

嵊許汝霖有傳

至正十五年

山陰趙俶

皇明洪武四年吳伯宗榜

山陰趙旅主事　楊子文縣丞　柳汝舟縣丞

俞文龍縣丞

會稽趙友能主事

蕭山韓守正縣丞

餘姚岑鵬太常寺丞

上虞鍾霆縣丞　王誠　何文信　葉砥知府有傳

諸暨胡澄知縣

嵊董時亮縣丞

洪武六年金鑄榜

餘姚翁希願初授周府伴讀遷御史以奏對忤旨謫臨潼主簿嘗名其軒曰惜陰好學不懈

年三十三而卒

新昌　吳佐　刑科給事中

洪武十八年丁顯榜

山陰　王時敏　經歷　鍾志道　御史　陳思道　禮部侍郎

會稽　王肅　王子真　縣志缺據登科考增　邵思恭　據登科考增

吳庠

蕭山　顧觀　大理評事有傳

餘姚　沈志遠　御史　潘存性　兵科給事中　項復　承敕郎

聞人恪　魏思敬　鄒泰　據登科考增

上虞　嚴震　禮部尚書有傳　張孝本

嵊 王繼生 布政

新昌 潘岳 蔡用強 御史 董薛 御史

洪武二十一年任亨泰榜

會稽 吳慶 主事 吳輔 殷成

上虞 陳時舉 員外郎

諸暨 俞士賢

新昌 王觀達 工部主事

洪武二十四年許觀榜 登科考云許觀他志作韓克忠者訛

蕭山 葉林 以副御史按民疾苦

洪武二十七年張信榜

山陰駱士廉 知縣

會稽王斌 知縣

蕭山胡嗣宗 知縣　張貞 知縣

餘姚錢古訓 有傳　劉季篪 侍郎有傳

洪武三十年陳䢿榜

山陰劉仕諤 探花編修被誅　呂尹旻　陳性善 吏部侍郎有傳

蕭山姚友直 太常寺卿有傳

洪武三十三年胡廣榜

餘姚劉壽遜 知縣　潘義 縣丞

蕭山孫完 僉事

永樂二年曾棨榜

山陰　錢常　周玊　毛肇宗郎中有傳

會稽　章敞

蕭山　魏騏主事謫教諭　王覾知縣

餘姚　陸孟良吏部主事　柴廣敬　馮吉州同知

李貴昌主事有傳

上虞　貝秉彝知縣有傳　傅璇給事中

新昌　章以善授杞縣知縣初縣困於輸賦以善第爲三等量貧富約遠近以定役之輕重民皆稱便陞惠州知府事載一統志　章士淳同知

永樂四年林環榜

山陰吳中參政有傳

蕭山殷旦按察副使見忠節傳

餘姚徐廷圭郎中　方恢御史　何晟御史

上虞薛常生郎中

新昌盛霈州判

永樂七年蕭時中榜

會稽張習

蕭山魯琛御史

餘姚聞人晟給事中

永樂十年馬鐸榜

諸暨王鈺探花有傳

永樂十三年陳循榜

山陰王佑工部侍郎阿媚奄宦貽笑士林　周安

徐信長史

蕭山余昞欽改名廷輔主事改審理正

上虞陳熊御史

永樂十六年李騏榜

山陰秦初主事有傳　王暹

蕭山何善監察御史掌浙江欽法不私其鄉吏民畏服

餘姚舒本謙知州　夏大有僉事　柴蘭

上虞葛昂教授　謝澤通政使見忠節傳　范宗淵御史

永樂十九年曾鶴齡榜

山陰曹南御史

會稽胡智布政使有傳　章信宗御史

蕭山衛恕

餘姚駱謙知縣　沈圭縣志缺今據登科考增入

新昌甄完布政使有傳

永樂二十二年邢寬榜

山陰龔全安見忠節傳

會稽陳綱御史

餘姚 邵宏譽 字德昭母汪氏守節教之在列女傳官監察御史稱有風裁用薦擢翰林修撰預修宣廟實錄尋陞福建按察副使時坐閩寇鄧茂七反左遷寇平錄功復湖廣副使致仕宏譽天性孝友親歿廬墓當官清白居鄉和易有長者之風

李賁章 員外郎　孫泓 御史

諸暨 胡驩 會魁

嵊 龔璉 主事

宣德五年林震榜

餘姚 許南傑

諸暨 陳璣 會魁

宣德八年曹鼐榜

餘姚　何瑄　舒曈知府

上虞　陳金

諸暨　俞僩知府

正統元年周旋榜

山陰　秦瑛

會稽　章瑾侍郎

正統四年施槃榜

新昌　俞鐸初由部郎出守寧國有惠政民立碑頌之歷雲南叅政陞布政時邊徼多事鐸一鎮以安靜夷民帖然

正統七年劉儼榜

餘姚吳節郎中　聞人韺御史　潘英御史

上虞羅澄僉事

新昌呂昌按察使有傳

正統十年商輅榜

山陰高閏郎中

會稽季駿僉事

蕭山曹得僉事有傳

餘姚陳詠僉事有傳　陳雲鵬布政司使　朱縉知府有傳

上虞王鉉參議　葉晃都御史有傳

正統十三年彭時榜

會稽 王勤 叅政

餘姚 楊文琳 布政

景泰二年柯潛榜

會稽 沈性 知府 有傳　邵能 郎中

餘姚 戚瀾

陳嘉猷 初拜給事中使朝鮮再使滿剌國皆能不辱君命歷遷通政司通政丁父憂歸塋畢奪情起服卒于官士論少之所著有師硯集皇華集銀臺寓稿

新昌 俞欽

景泰五年孫賢榜

山陰 吳顒 郎中　唐彬 布政 有傳　金澤 御史

會稽章瑄太僕少卿有傳

餘姚孫輝知府　陳雲鶚知府　陳雲文選郎中

徐海副使　胡寬御史　毛傑

魏瀚初授御史歷巡雲南福建遼東才名藉甚卒見忌左遷歷知州知府所至爲民孜孜興利在嘉定有魏公堤在雷州有捍海堤終江西右布政使所著有嘗齋藁江湖唱和集　毛吉副使有傳　夏時

嵊謝廉初任刑部以廉明稱奉命賑饑畿甸所全活甚衆遷河南參議卒于官

天順元年黎淳榜

山陰王淵給事中有傳

會稽胡謐參政有傳　孟頫行人司副

蕭山韓祺御史

餘姚陳渤布政使　孫信吏部主事　韓恭知府

上虞鄭勤知府

新昌李慶主事

天順四年王一夔榜

山陰滕霄御史　婁芳御史

餘姚諸正僉事　聞人景暉員外　徐瓚知府

上虞陳暉同知

新昌呂鳳員外

天順八年彭教榜

山陰汪鎡　陳壯按察副使有傳　薛綱布政使有傳

袁晟御史

會稽周鑑知府

餘姚胡恭僉事　翁遂按察副使　翁信叅政

新昌丁川左僉都御史有傳

徐志文初授工科給事中歷郎中卒志文性剛氣和以古人自期許一時名士大夫並與之友尤工詩文有與齊稿若干卷

成化二年羅倫榜

餘姚陳清會魁員外　邵有良　諸觀知府

史琳初授給事中歷江西叅政以平贛盜功陞布政使擢右副都御史巡撫直隸兼提督

三關入爲工部侍郎轉右都御史虜寇榆林宣府命督軍務尋卒贈太子太保琳貌魁梧性寬厚喜談兵常習太乙六壬遁甲等術故卒以戰伐策勳云

錢珍 主事

上虞王進 成化初知成都律法精明政尚簡易擢陛右叅政歷山西左布政使卒于官成都祀名宦　陸淵之

成化五年張昇榜

山陰張以弘 叅議 有傳

會稽謝顯　韓邦問 刑部尚書諡莊僖有傳

蕭山何舜賓 御史

餘姚舒春 郎中　鄒儒 太僕少卿　馮蘭

胡贊知府　姜英叅政　陳雲鳳知縣

王舟工部員外　黄韶會魁僉事

新昌何鑑兵部尚書有傳　劉忠器知府有傳

成化八年吳寬榜

山陰司馬堊按察副使有傳　陳哲知府

餘姚楊榮郎中　陳洵知府　陳謨提學副使

黄謙主事　吳智郎中

陸淵初宰合肥祀名宦召拜御史尋督學北畿終福建叅政卒於官笥無餘帛子三人相棟榦並舉進士

嵊王暄知府

成化十一年謝遷榜

山陰　魯誠郎中　堵昇參議　凌宷知縣

陳轂御史　沈振知縣

會稽　董復知府有傳

蕭山　徐洪員外　孔斌

餘姚　謝遷大學士諡文正有傳　諸讓參議　韓明副使

滑浩知府　石塘知縣

上虞　洪鍾刑部尚書有傳

新昌　俞振才按察副使有傳　俞深工部侍郎

成化十四年曾彥榜

山陰白瑾知縣　王鑑之刑部尚書有傳　祁司員知府有傳

會稽鈕清副使　董豫僉事見邑志　章忱知府有傳

鄭仁憲知縣

餘姚毛科提學副使　李時新主事　黄肅副使

聞人珽府丞

上虞劉珩知縣

諸暨馮珏員外

成化十七年王華榜

山陰陳邦榮自幼勵志于學既第南宮不就廷試而歸藏修愈篤未幾卒所著有履齋遺稿皆切實可訓

會稽張闓大理寺副

蕭山富玹僉事

餘姚王華南京吏部尚書有傳　黃珣榜眼南京吏部尚書有傳

陳倫員外　毛憲副使　徐諫大理寺副

翁迪少窶甚嘗採薪以自給暮乃歸讀書已而登進士歷刑禮二部郎遷貴州叅議晉左叅政致仕　吳裕御史　孫衍御史

黃琪鹽運使

諸暨駱瓏知州

成化二十年李旻榜

山陰祁仁主事

會稽陸寧知府

餘姚傅錦郎中　陳雍工部尚書有傳　吳敘知府

邵蕃初授建平令奏最拜御史督學北畿遷陝西副使仍督學忤逆瑾矯旨致仕家居貧甚蔬食水飲者數十年卒年九十有三

華福會魁參議　潘絡刑部主事

嵊丁哲任刑部主事遷郎中執法不避權璫忤旨下獄給事龐泮論救得釋歸數年復起知濮州改蘇州府同知致仕

新昌呂大川知府見邑志　呂獻兵部侍郎有傳

俞振英尚寶司卿同兄傳

成化二十三年費宏榜

山陰陳邦弼　祝瀚知府有傳　張景琦知府

會稽胡悳主事　秦渙知縣　陳鎬副都御史有傳

車份初令王山歷慶遠守所至有惠政後以母老乞歸　陳欽副使

蕭山張貢工部尚書有傳　葉清知州

餘姚蔡欽鹽運使　毛實郎中　汪鋐御史

翁健之　王恩布政　張時澤知府

華璉終四川左布政平生清謹家無餘貲

上虞潘府會魁太常少卿見理學傳　壽儒主事

弘治三年錢福榜

山陰胡儀　張景明長史贈大學士謚恭僖有傳

王經按察副使擢按察使未赴而卒爲人長厚無城府陽明錄中所與王文濟唱和者即經也

會稽　秦銳副使　陶懌參議有傳

蕭山　來天球按察使

餘姚　汪澤主事　范璋同知　邵蕡布政

蔡鍊按察副使

上虞　陳大經知縣　尹洪御史

嵊　陳珂大理寺卿

弘治六年毛澄榜

山陰　汪獲麟　吳蕣　李瑾

高臺 郎中

會稽 胡恩 叅議　陳元 知府　韓大章 知府

蕭山 胡昉 主事

餘姚 陸相 知府　徐守誠 叅議有傳　馮清 兵部侍郎有傳

高遷 知縣　吳天祐 知縣　楊簡 知府

孫燧 都御史謚忠烈見忠節傳

弘治九年朱希周榜

山陰 何詔 工部尚書有傳　費愚 知府有傳

會稽 陶諧

餘姚 鄒軒 會魁都給事中　胡洪 給事中　邵坤 知縣

黃瓛 僉事　楊譽 僉事　鄒泰 通判

韓廉 初授任縣令值歲饑建議出稅契錢以築城城成民賴以全活者甚衆徵拜御史旣去盜剽掠旁邑任獨安堵民立石頌之巡按福建忤逆瑾謫萬安巳又以他事逮繫詔獄踰年瑾誅累遷山東按察副使致仕卒年九十有四

上虞 陳大紀 僉事　葛浩 大理寺卿有傳

弘治十二年倫文敘榜

山陰 張景暘 知府

會稽 錢暉

餘姚 王守仁 新建伯兵部尚書謚文成見理學傳　陸棟 知府

牧相 叅議有傳　謝廸 布政　王乾 知縣

上虞張文淵郎中　張錦知府　謝忠叅議

孫景雲知縣　徐朴知府

嵊周棨知縣

弘治十五年康海榜

山陰吳便副使　周禎　沈欽僉事

高壇知府

餘姚孫清榜眼叅議　徐天澤知府　胡軒運使

沈應經禮部主事　宋冕副都御史有傳　姜榮通判

陳璣太僕寺丞　黃堂會試中式

上虞朱衮初爲御史終知府居官有風裁晚歲以文學稱于鄉　葉信知府

倪用

弘治十八年顧鼎臣榜

會稽董玘會元榜眼吏部侍郎贈尚書謚文簡同父傳

蕭山錢玹知縣

餘姚謝丕會魁探花吏部侍郎　倪宗正　胡東皐僉都御史有傳

諸絅通判　胡鐸　汪和僉事

上虞徐子熙光祿少卿

正德三年呂柟榜

山陰胡克忠知縣　胡文靜光祿少卿　周礽郎中

郁采知州贈光祿少卿見忠節傳　馬錄

會稽章槩知府　毛鳳御史　姚鵬副使

陳銘 同知

蕭山 田惟祐 知府　盛瀧 知府 有傳

餘姚 汪克章 僉事　徐文元　黄嘉愛 知州

徐愛 南京工部郎中見理學傳　駱用卿 員外

上虞 謝顯 知縣

正德六年楊慎榜

山陰 劉棟

會稽 韓明 僉事

餘姚 汪惇 同知　張璿 員外　施德禎

嚴時泰 初令溧陽召拜御史以兄時肅爲楚府儀賓改鎮江同知歷四川左布政所至

並有聲撫按奏楚郡王無所出薦陞南
太僕卿尋以副都御史巡撫四川終南
工部侍郎年七十致仕歸在官四十餘
年蕭然舊廬了無長物卒之日至無以
爲殮清白之操
近世所罕見云

上虞　張文淒

嵊　金鯉　副使

新昌　俞集　有傳

正德九年唐臯榜

山陰　朱節　御史贈光祿少卿見祖紬傳　王袍　知府

姚世儒　知府　蕭鳴鳳　提學副使有傳　張思聰　參政

王軾　知縣

會稽羅江

餘姚陳克宅副都御史有傳　王時泰長史　邵惪容主事

楊天茂長史

上虞曹軒僉事

嵊張邦信僉事

正德十二年舒芬榜

山陰汪應軫會魁　傅南喬同知　何鰲刑部尚書附父詔傳

蔡宗兗字希顏，初從新建學，卓有志操。掌教江西，主白鹿洞，後爲提學僉事，與臺使不合，拂衣歸。風節凛凛，晚年頗不滿於鄉評，令譽鮮終，爲可惜云。

會稽季本知府見理學傳　沈弘道僉事有傳　謝元順郎中

蕭山　徐官　僉事

餘姚　張懷　強記洽聞性尤冲淡官至廣東參政解組歸布袍芒屨與農夫爲伍儉素之風至今可仰

毛紹元　參政　　陳煥　光祿卿

顧遂　侍郎　　徐子龍　知縣

上虞　葛木　參政父浩同傳　　車純　右副都御史有傳　　徐子俊

曹輼　參議

嵊　杜民表　御史有傳

新昌　胡汭

正德十六年楊惟聰榜

山陰　周祚　給事中見父廷澤傳　　徐俊民　僉事　　周文燁　郎中

田麟知府　鄭騮登科考名駶

會稽司馬相其先本温國文正之裔自夏邑遷越因家焉初授刑部主事有戚里犯法執問不少貸稍遷福建僉事以大獄被譴歸家居十餘年務自砥礪孝友清約無間于鄉評所著菲泉遺稾越郡志畧各十卷子初祉並舉進士

王楊

餘姚張逵　胡昭郎中

邵煉與弟燁同舉進士歷雲南僉事有靖寇功尋遷副使備兵南贛廉靜不擾會其子基成進士遂致仕歸卒年八十有四

邵燁副使　楊撫提學副使以文學稱於鄉見序志

史立模知府　徐子貞主事謫州同　顧明復

魏有本 右都御史贈南京工部尚書有傳

諸暨 陳賞 員外郎終同知

嘉靖二年姚淶榜

山陰 潘壯 御史　沈澧 參議

吳彥 僉事

蕭山 周憲 推官

餘姚 陸餘　楊大章 刑部侍郎

張心 御史　龔輝 南京工部侍郎有傳

陳洪範 知縣　方雲鶴

張鏜

新昌俞振強大理寺副　俞朝安都給事

嘉靖五年龔用卿榜

山陰毛一言僉事　周文燭祭酒　錢楩郎中

金椿知府　周禪都御史　包珊行人

朱簠副使見父導傳　朱箎御史見父導傳

餘姚聞人銓提學御史　吳惺布政　諸演僉事

管見初爲常州推官每務平反召拜給事中時

大工方興戶部議加派見極陳不可世

廟嘉納之已又言邊防大壞咎在

政府遂出爲廣東參政尋致仕歸

上虞陳楠按察副使有傳

嘉靖八年羅洪先榜

山陰　茅宰　主事有傳

會稽　謝紘　知府

餘姚　王正思　知府　孫應奎　都御史　周如底　太僕少卿有傳

趙墳　初知桐城調石城遷南刑主事再謫州同知歷僉事叅議致仕爲人端亮以古道自持故所至多齟齬而惠澤在人去後常見思桐城祀名宦既歸田被服如儒生所居僅蔽風雨以子錦貴累贈太子少保兵部尚書左都御史

徐九皋　副使　徐存義　知府　葉洪

上虞　陳洙　兵部侍郎

諸暨　翁溥　刑部尚書謚榮靖有傳

嘉靖十一年林大欽榜

山陰王畿郎中見理學傳　陳修御史

蕭山來汝賢終主事有文學名

餘姚吳至知府　于廷寅僉事　毛復御史

邵元吉知府　陳塏會魁參政　韓岳御史

李本　錢德洪郎中見理學傳

上虞姚翔鳳行太僕卿　葉經御史有傳　謝瑜御史有傳

諸暨駱驥知縣

新昌呂光洵工部尚書有傳

嘉靖十四年韓應龍榜

山陰周浩苑馬卿　張輻副使　徐緝參議

沈夢鯉 郎中

會稽陳鳳 僉事

蕭山翁五倫 仕終福州知府母蕭早寡而性悍喜怒不常五倫能承順無忤其孝有足稱云

餘姚韓應龍 修撰　孫陞 榜眼南京禮部尚書贈太子少保謚文恪有傳

鄒絢 員外　諸燮 會魁主事所著易說至今學者宗之

錢應揚 御史　盧璘 運使　徐方 同知

胡崇德 知縣　黃齊賢 主事　吳轅 知州

鄭寅 御史　王喬齡 參政　邵基 御史

張元 同知　鄭烱 僉事　顧廉 評事

上虞陳紹 知府有傳

新昌俞則全叅議

嘉靖十七年茅瓚榜

山陰蔣懷德叅政　張元冲副都御史附祖以弘傳

王國禎布政　金志初任惠州府知府祀名宦終按察副使

徐緯僉事　魏夢賢郎中

會稽王楠　沈鍊錦衣衛經歷贈光祿少卿有傳

陳鵠僉事

蕭山戴維師僉事

黃九皋初授工部主事終魯府長史居鄉建議築西江塘至今賴之

餘姚翁大立南京兵部尚書　聞人德行司丞　嚴中知府

蔣坎知府　葉選郎中　諸敬之僉事

宋惟元主事

上虞賈大亨御史

嵊王烱同知

嘉靖二十年沈坤榜

山陰張洽御史　張牧同知

會稽商廷試初知黃州府祀名宦終甘肅行太僕寺卿　沈橋按察使附祖性傳

章美中同知　章煥僉事　陶大年參政

徐綱知府　鈕緯僉事

餘姚陳陛　宋大武按察使　徐一鳴知府

吴必孝僉事　陸美中副使　宋大勺提學副使

陳采　金蕃知府　王嵩知府

周大有御史　鄭邦仰知府　陳墀副使

宋岳按察使　谷鍾秀叅議

新昌潘晟榜眼太子太保禮部尚書武英殿大學士

嘉靖二十三年秦鳴雷榜

山陰劉檟副使

會稽沈束南京通政使有傳　陶大有副使

蕭山張燭郎中　孫學古知縣　楊應元推官

餘姚周士佐僉事　胡安叅政　俞介知縣

趙錦太子少保兵部尚書都察院左都御史　孫坊郎中

邵漳參議　張達知府　邵稷御史

上虞徐惟賢參政　徐學詩南京通政司參議有傳

陳絳府尹　葛桷知縣　陳信主事

謝讜知縣

嵊裘仕濂性朴而儉以禮自繩初授常州府推官召拜御史咸有風譽卒於官

新昌俞時歆主事

嘉靖二十六年李春芳榜

山陰羅椿知府　張天復陝西行太僕寺卿

祁清布政　吳俊郎中

會稽胡朝臣前通政司叅議　陶承學南京禮部尚書

蕭山黄世科

餘姚胡正蒙會元探花國子祭酒　楊世芳知府

翁時器叅政　韓弼提學副使　孫如賢知縣

周如斗副都御史　徐懷愛知縣

嵊邵惟中行太僕寺卿

新昌俞時及同知

嘉靖二十九年唐汝楫榜

山陰王元春初授南昌推官歷都給事中終陝西按察使少嘗從新建學爲人簡重寡言笑人稱長者卒年八十有三

高鶴 前南京給事中　趙理 僉事

會稽 范櫝 知府　胡崇曾 同知前主事

餘姚 胡膏 同知　諸瑋 主事　楊元吉 行人

孫佳 郎中

嵊 喻棐 官工部主事持身清慎未究所施而卒

嘉靖三十二年陳謹榜

山陰 俞意 主事　趙圭 員外　孫大學 復姓王知州

會稽 司馬初 知縣

蕭山 張誼

餘姚 孫鋌 南京禮部侍郎　楊九韶 知縣　姜子羔 行太僕卿

上虞陳綰仕終刑部郎中行修學贍以詩文鳴於時有蒲洲集若干卷兄紹維紹有傳維甞捐粟以賑其鄉人　楊旦主事　金柱副使

嘉靖三十五年諸大綬榜

山陰諸大綬吏部右侍郎贈禮部尚書諡文懿有傳

祝繼志江西僉事爲人端謹有志操驟卒於官時論惜之

沈寅按察使

會稽陶大臨榜眼吏部右侍郎贈禮部尚書諡文僖有傳　謝宗明僉事

葉應春知府　龔芝同知

餘姚孫鑨光祿寺卿　陳南金主事　胡孝知府

唐景禹　徐紹卿知府　陸一鵬運使

孫大霖　郎中

上虞潘清亶　叅議　鄭舜臣　知府

嘉靖三十八年丁士美榜

山陰王元敬　副都御史　吳兌　太子少保兵部尚書　俞咨益　僉事

郁言　知縣　呂鳴珂　按察使

會稽陶幼學　布政　胡儒　行人

餘姚毛惇元　榜眼編修　陳覲　叅政　陳成甫　僉事

邵畯　知府　胡維新　叅政　史嗣元　副使

夏道南　副使　張岳　侍郎

上虞張承賚　僉事　潘良貴　運使

嘉靖四十一年申時行榜

山陰 王爕 知府

會稽 史檟 參政

餘姚 任春元 郎中　楊世華 按察使　諸察 參議

陳有年 右僉都御史　周思充 參議

上虞 鍾穀 副使　朱朋求 長史前郎中

嘉靖四十四年范應期榜

山陰 胡邦奇 按察使　張博 長史前給事中　高克謙 僉事

祝教 禮部郎中終同知

會稽 陶大順 布政　陶允淳 尚寶司丞

餘姚蔣勸能參議　葉逢春知府　顧褒按察使

徐執策同知

上虞謝師嚴主事

諸暨駱問禮副使

新昌呂若愚郎中

隆慶二年羅萬化榜

山陰朱南雍太僕卿　朱賡　[illegible]　黃猷吉僉事

會稽羅萬化南京禮部侍郎　章禮參議

蕭山張試同知　何世學同知　來經濟僉事

餘姚張堯年副使　鄒學柱參政　沈應文參政

邵陛　鄒墀副使　張尌副使

孫汝滙長史前員外　邵一本知縣　張道明

孫鍷布政　孫汝賓評事

諸暨周繼夏通判　蔣桐知縣

隆慶五年張元忭榜

山陰張元忭　趙楫參議　周應中知縣

會稽商爲正大理寺少卿　章如鈺知縣

餘姚史鈳編修　陸夢熊郎中　俞嘉言知府

周思宸知府　胡時化參議　黃兆隆知府

管稷副使　諸大倫主事前給事中

上虞謝師成 知縣

萬曆二年孫繼皐榜

山陰朱應 主事　王洋 副使　張一坤 副使

會稽陶允宜 會魁 員外　陳大統 國子學録　范可奇 知府

司馬祉 知府

蕭山王景星 知縣

餘姚孫鑛 會元 [illegible]　史元熙 主事　葉遵 給事中

丁懋建 知縣　孫健

上虞倪凍 員外

萬曆五年沈懋學榜

山陰朱南英評事　郁文郎中　趙夢日知縣
馮景隆主事前給事中以言事謫　曾錦
蕭山蔡萬里同知
餘姚諸大圭主事　徐震知縣　管應鳳知縣
上虞鄭一麟知府
諸暨陳性學僉事
嵊董子行御史　周汝登主事
萬曆八年張懋修榜
山陰黄齊賢　馮應鳳　徐桓
會稽葉雲礽主事　錢櫝國子助教

餘姚邵夢弼員外　李槩推官　胡旦國子博士

萬曆十一年朱國祚榜

山陰何繼高主事

會稽章守誠知縣　沈良臣行人

蕭山來三聘知縣

餘姚胡時麟　史記勳主事　楊文煥中書

姜鏡行人　陸鎮默知州　呂胤昌推官

聞金和推官　孫如法主事以言事謫典史　姚文德

上虞陳繼疇推官　顏洪範知縣

萬曆十四年唐文獻榜

餘姚吴道光

張集義知縣

楊宏科

孫繼有知縣

紹興府志卷之三十三

紹興府志卷之三十四

選舉志五

制科

唐宋而下既以詩賦經義取士矣而又有所謂制科者若愽學宏詞賢良方正材識兼茂之類凡以蒐遺逸羅俊傑也

國朝既策進士又有庶吉士之選儻亦制科之遺意乎夫科目豈足以盡士士固有挾持非常而困於一第者矣然則徃代之制科何可廢也

唐

時 高宗 孔若思 山陰人中明經科 衛州刺史有傳

中宗嗣聖中孔季詡山陰人秘書郎

康希詵一名希仙會稽人中明經科刺史有傳

玄宗開元初康子元會稽人中明經科秘書監有傳

開元中徐浩會稽人中明經科尚書右丞有傳

德宗時羅讓會稽人中宏詞賢良方正科觀察使有傳

失年次籍周丁會中宏詞科

宋

太宗淳化三年沈操會稽人中賢良方正直言極諫科終御史糾劾權貴爲時所重

真宗景德三年錢易會稽人昆之弟光祿寺丞中賢良方正直言極諫科終通判有傳

仁宗天聖中齊唐會稽人兩中制科終職方員外郎有傳

慶曆二年錢明逸易之子殿中丞中材識兼茂明於體用科附兄彥遠傳

慶曆六年錢彥遠易之子太常博士中賢良方正直言極諫科終右司諫有傳

皇祐五年顧臨餘姚人中明經科賜九經出身終學士知河南有傳

嘉祐二年夏噩會稽人明州觀察推官中材識兼茂明於體用科

神宗元豐五年朱戩諸暨人中明經科有傳

徽宗宣和元年王俊上虞人中詞學兼茂科與州教授

大觀中王弘基嵊人中明經科終秘書正字

高宗紹興五年石慶新昌人中博學宏詞科明州教授

紹興中錢宇之嵊人中賢良方正直言極諫科終助教

孝宗乾道五年莫叔光山陰人中博學宏詞科終秘書監有傳

許蒼舒會稽人左迪功郎廣德軍教授中博學宏詞科

寧宗嘉定中錢揚祖宇之之孫中博學宏詞科知吉安郡

嘉定中邢宜嵊人中博學宏詞科終通判

理宗嘉熙二年岑全餘姚人中詞學科終校書郎有傳

嘉熙三年胡太初會稽人中詞學科第一人

淳祐十年孫嶸叟餘姚人中博學宏詞科終禮部侍郎有傳

度宗咸淳元年岑賢孫餘姚人中詞學科　章一新中博學宏詞科

年籍失次徐執中博學宏詞科　王弘中明經科

元

順帝至正中徐中山陰人諸暨州學錄

張福山陰人太守遠猷孫溫州學正洪武初死于兵難

皇明庶吉士

文皇帝御極之三年一甲進士曾棨等既授翰林後選諸進士之才雋者偕棨等讀中秘書歷試三載乃授以職館省臺署唯其所任自是著爲令其人率以地爲限大省不過四人而吾越往往居其二自甲申到於今彬彬盛矣余故特著之以附制科之後云

永樂三年章敞 會稽人禮部左侍郎有傳

柴廣敬 餘姚人幼孤母陶守節教之刻苦清勵無謾辭戲色既入館預修禮樂聲韻諸書心苦貌瘁未嘗一息少懈京師儒者稱篤志忠信必歸焉尋卒

九年張習 會稽人僉事

十三年周安 山陰人御史轉同知

十六年王暹 山陰人右都御史有傳　柴蘭 餘姚人吏部員外郎終叅政

十九年衛恕 蕭山人叅政

宣德五年許南傑 餘姚人授太常博士擢知南安妖賊孫佛羅昌亂詔籍其黨南傑辯其脅從釋之調知曲靖兩郡俱祀名宦

陳璣 諸暨人入舘逾月而卒

八年陳金 上虞人累官廣東布政使清修簡約有惠政丁外艱歸民攀留載道

何瑄 餘姚人授檢討官至四川布政使

正統元年秦瑛 山陰人檢討

景泰二年戚瀾 餘姚人編修有文名丁內艱歸卒于家

俞欽 新昌人兵部左侍郎有傳

五年　夏時　餘姚人終湖廣僉事

天順八年　汪鎡　山陰人郎中

成化二年　陸淵之　上虞人布政使有傳

邵有良　餘姚人授御史終潯州知府

五年　馮蘭　餘姚人江西提學副使一云布政

謝顯　會稽人按察副使

二十三年　翁健之　餘姚人終貴州布政使有薇軒集

弘治六年　吳蕣　山陰人給事中有傳

九年　陶諧　會稽人兵部左侍郎有傳

十五年　周禎　山陰人檢討

十八年 倪宗正 餘姚人初諭知太倉州轉禮部員外
諫武宗南巡午門外跪五日杖四
十出知南雄府尋致
仕歸以詩文名於時

胡鐸 餘姚人終南京
太僕寺卿有傳

正德六年 劉棟 山陰人兵部右侍
郎附劉子華傳

十二年 汪應軫 山陰人江西提
學僉事有傳

十六年 張逵 餘姚人刑科
給事中有傳

嘉靖十一年 李本 餘姚人復姓呂少傅兼太子太傅禮部
尚書武英殿大學士守制二十年年八
十特賜
存問
按國史是歲史館員缺
上命内閣於進士未選者自年三十五而下
悉令就試取二十一人新昌呂公光洵已在
選中而少傅公未與既進呈

上閲卷見彌封姓名疑有私遂報罷編修程文德疏請
上親試文華殿得 旨朕既委輔臣及吏禮大臣又何以親爲久之復命内閣覆考進士亦取二十一人時新昌吕公已外補少傅公乃攺庶吉士後十餘年而拜相以是知榮進有數云

二十年 陳陛 餘姚人禮部侍郎贈尚書諡文僖有傳

三十二年 孫鋌 錦衣衛籍餘姚人南京禮部右侍郎

隆慶二年 朱賡 山陰人吏部左侍郎兼侍讀學士

張道明 金吾衛籍餘姚人授御史　邵陛 餘姚人右僉都御史

五年 史鈳 餘姚人授編修

萬曆十一年 胡時麟 餘姚人授給事中　徐大化 羽林衛籍會稽人授御史

紹興府志卷之三十四

選舉志六

武科

彤弓鹿鳴並歌于詩文武迭用古之制也前代無攷若邑志所載五代及宋固歷歷可數我明定制上法成周乃越人弓馬詘於燕趙士登茲選者如晨星然頃更島夷之亂人騎射家韜鈐於是猛士雲興旌鉞相望矣余志選舉終武科示兼所重也

五代

何茂 新昌人

胡璟 新昌人

宋

呂定 新昌人

郭光 上虞人宣和三年

石公軺 新昌人會舉第一

潘勝 新昌人殿前都虞侯淳熙四年

石子潚 新昌人勅授武義郎

楊次山上虞人嘉泰元年　杜夢輿上虞人寶祐四年　趙崇濘上虞人

梁邦禁新昌人經畧使

皇明以前無攷自嘉靖中始

嘉靖丙戌科

孫堪餘姚人錦衣衛正千戶會舉第一歷都督僉事有傳

彭應時山陰人初爲諸生慷慨喜任俠好讀孫吳善射發必中又善舞大刀走馬上下觀者絕倒間爲古詩歌有奇氣登武科授鎮撫會倭奴之亂督府統兵圍賊于乍浦應時受命率步卒百人守獨樹林賊数百人突圍來應時倉卒遇之止挾三矢殺三人賊既衆且死命兵却應時怒駡獨奮而前身被三十餘創流血沁甲猶力戰不屈馬忽顛遂遇害人皆壯其勇而悲其志云

嘉靖壬辰科

毛縮餘姚人民生歷千户

嘉靖乙未科

胡賢餘姚人武生授所鎮撫

嘉靖庚戌科

陳大綸紹興衛前所副千户歷陞都指揮僉事

嘉靖癸丑科

孫鉦錦衣衛左所正千户餘姚人歷陞都督同知管衛事

張輪紹興衛三江所小旗歷陞把總　槐武臨山衛舍人授所鎮撫

嘉靖丙辰科

周粟 臨山衛右所百戶 歷陞江防都司　槐寅 臨山衛中所應襲 歷陞參將

嘉靖己未科

毛希遂 餘姚人民生 授所鎮撫

嘉靖壬戌科

王尚文 觀海衛右所百戶歷 陞都督同知總兵官

吳大武 直隸吳縣籍山陰人 授所鎮撫　孟子文 紹興衛三江所軍生 授所鎮撫

嘉靖乙丑科

孫濟美 觀海衛指揮舍人 授所鎮撫

隆慶戊辰科

吳顯忠 山陰人民生 歷陞參將　汪可大 餘姚人民生 歷陞參將

孫如津京衛武學應襲餘姚人歷陞都督僉事管錦衣衛事

隆慶辛未科

韓沛三江所軍餘歷陞叅將　葉忠會稽人武生授所鎮撫

陳伯勝觀海衛舍餘授所鎮撫

萬曆甲戌科

李能白觀海衛百户應襲授所鎮撫　吴允忠雲南都司官籍山陰人歷陞遊擊

金秉鉞會稽人民生歷陞遊擊

萬曆丁丑科

黄岡紹興衛指揮使陞守備　吴學山陰人歷陞把總

孫嵩三江所人授所鎮撫　周書臨山衛舍餘授所鎮撫

萬曆丙戌科

孫可教三江所武生

紹興府志卷之

選舉志七

武鄉舉

文武兼舉治不忘備意也大司馬會武於秋而鄉闈校武亦於文事之竣以冬十月行之賓興之禮不甚軒輊然必登會榜始免鄉比無異生儒科舉迄世宗肅皇帝俞許獻忠輩之請令三膺是選者徑赴會試與文科同蓋綏太平戡禍亂均資韜道而會武之選又鄉闈爲之階梯亓志之

皇明前代無考自嘉靖初始

嘉靖壬午科

臨山馬奎指揮同知 丁龍千户

觀海連顯

嘉靖乙酉科

紹興徐定千户

臨山丁龍再中式 周武百户

觀海陳相百户

山陰彭應時

餘姚孫堪錦衣衛千户北京中式

嘉靖戊子科

臨山周武再中式

嘉靖辛卯科

紹興胡鎮指揮同知

觀海陳相再中式

餘姚毛縉

嘉靖甲午科

紹興胡鎮再中式

王直

三江張哲

觀海梁鳳指揮同知

餘姚胡賢

嘉靖丁酉科

紹興胡鎮三中式　成勳指揮僉事陞守備　李巘指揮僉事

三江張元直有擔勇精騎射試武舉後遇例入太學嘉靖辛酉倭賊登犯明州元直奉海憲檄督兵追勦於戴嶴湖陳地方遇敵親斬三級遂獲全勝撫按紀其功授四川嘉定州判官

嘉靖癸卯科

紹興胡鎮四中式　陳綵百戶　陸瑞

三江張綸　張哲再中式

觀海李會龍千戶

山陰童忱

嘉靖丙午科

紹興胡鎮五中式　陸瑞再中式　戴凌霄

三江葉司衡　張輪再中式

臨山槐文千戶

瀝海潘梁指揮僉事　大斌

山陰童忱再中式

餘姚陸絳武魁

嘉靖己酉科

紹興黄榜指揮使陞坐營都司　胡鎮六中式　成大寵指揮僉事歷陞參將

陳大綸百戶

三江張輪三中式　葉司衡再中式

臨山　槐文再中式

觀海　火斌再中式

嘉靖壬子科

紹興　楊一經千戶歷陞參將

三江　張輪四中式　程權　孟文子

臨山　周衆百戶　槐武

觀海　王忠

山陰　沈應辰

餘姚　毛希遂　孫鉦錦衣衛千戶北京中式

嘉靖乙卯科

興　楊一經 再中式　吳京 百戶陞參將　王世臣 百戶

張訓

三江　葉司衡 三中式　吳緒

臨山　馬自進 指揮同知陞把總　槐寅 千戶　周粟 再中式

張諫 百戶　潘栻 百戶

觀海　王尚文 百戶　潘梁 再中式　陳子龍

山陰　吳岐　吳青　胡崇吉

葉義　沈應辰 再中式　王儆

餘姚　毛積卿　史公望　湯必遷

嘉靖戊午科

紹興楊一經三中式

三江董琦百戶　葉保衡　程法

王化

臨山丁繼禎千戶　周誥千戶　李芳百戶陞千戶

胡奎百戶歷陞都司

山陰吳岐再中式　吳大章　吳大濟

賞俊　王儆再中式

餘姚馮子儀　張國威

嘉靖辛酉科

三江葉逢春　韓沛　葉持衡

吳紳 緒之弟 孟文子 再中式

臨山 馬自道 指揮同知陞守備 胡奎 再中式 李義

朱家麟

三山 倪雲衢

觀海 王尚文 再中式 陳子龍 再中式

山陰 張一鶴 武魁改名虎臣 葉義 再中式 吳晉

吳大章 再中式 賞俊 再中式 吳學 直隸中式

吳大武 直隸中式

餘姚 張勳 武元

諸暨 董子文 董威 子文弟

嘉靖甲子科

紹興　白材

三江　葉逢春武魁再中式　孫嵩　韓沛再中式

曹大晉　葉持衡再中式　李銳

葉保衡再中式　程大業　吳紳再中式

韓梯　周子英

臨山　潘栻再中式

觀海　王國百戶　王惟仁　陳伯勝

孫濟美

山陰　吳學再中式　吳養恒　沈應辰三中式

王章

蕭山　戴景升

餘姚　張國威再中式　馮子儀再中式

隆慶丁夘科

紹興　陳上表緜之子　范朝恩百戶江西中式歷陞遊擊

三江　韓沛三中式　吳紳三中式　葉忠保衛弟

傅欽　韓范沛之兄　韓梯再中式

臨山　王三錫指揮使歷陞都司　周書武之子　阮成音

祝國泰

觀海　梁文

山陰吳一忠武魁　張虎臣再中式　吳晉再中式

吳顯忠　趙經邦　吳學三中式

吳憲文　周邦慶

會稽袁良用　章尚斌　章應隆

餘姚汪爖　汪可大　張國威三中式

湯大輅　孫如津錦衣衛千戶北京中式　孫如瀛北京中式歷陞都司

隆慶庚午科

紹興陳上策絲之子百戶　徐九齡定之孫千戶

三江張應奇元直之姪千戶　曹大晉再中式　葉保衡三中式

葉忠再中式　羅綺　張應第應奇弟

葉同春　程萬里　葉持衡廣西中式

臨山錢如山百戶　祝廷年百戶　王三錫再中式

潘栻三中式　楊繼禮

觀海范天文千戶　陳伯勝再中式

山陰吳一忠武元再中式　虞勝宗　吳晉三中式

潘德風　吳志忠　吳應文江西中式

吳致忠江西中式　吳進江西中式

會稽章大忠　章文吉

餘姚余國賓　湯大略再中式

上虞趙國鎮

諸暨 黃威 舉中式

萬曆癸酉科

紹興 陳應斗 綵之子

三江 張應試 應前兄臨山領兵把總　傅國教　李天常

王有功

臨山 周書 武元舉中式　馬自道 舉中式　祝延年 舉中式

祝國泰 武魁舉中式　王家卿　楊繼禮 舉中式

徐世卿

三山 王家佐 百戶

觀海 火正輝　李能白　陳憲章

梁文廣東中式

山陰茅國𦈡　張虎臣三中式　賞俊三中式

吳允忠雲南中式

會稽金秉鉞　章容　章遂

餘姚湯大輅　周子敬廣西中式

萬曆丙子科

紹興黃尚榜之子指揮使　白材再中式　陳應斗

三江張應奇武魁再中式　孫佐辰　韓范再中式

韓文煥　孫嵩再中式　王有功再中式

董鉞

臨山　周書三中式　馬經　祝國泰三中式

徐世卿再中式

三山　陳京

觀海　陳應辰鎮撫　范天文再中式　孫震龍

陳大綱　范天章　梁守忠廣東中式

梁文江西中式

山陰　陳思勤　臧國光　茹秉忠

錢賛元　吳志忠湖廣中式　吳俊湖廣中式

會稽　章仲斌　吳紹文湖廣中式

餘姚　余國賓再中式　諸全之　錢似龍

蕭山 曹體仁

萬曆己卯科

紹興 劉巨安 指揮僉事陞守備　徐九齡 再中式　陳上表 再中式

王承祚 百戶　于溥 北京中式

三江 劉熙　王有功 三中式　李景隆

孫可教　葉有蔭 逢春子　張汀

孟良弼 文子之子　金臺　李天常 再中式

王有大

臨山 徐世卿 武元三中式　劉堯服 百戶　李震

孫紹武　鄭仲卿　徐銳

觀海　范天文三中式　張有光　孫秉政直隷中式

李榮春　范天立廣西中式　陳應辰廣西中式

張應岳廣西中式　梁特聘廣東中式

山陰　吳中起武魁　季桂　臧國光再中式

俞國輔　全盛時　王應斌福建中式歷陞都司

王拱辰江西中式　吳教遼東中式

會稽　章文吉再中式　章成　鄭期顯

章應隆江西中式武元　章延塾廣西中式　陶世學北京中式

餘姚　余贊武魁　黃繼釗　周子敬廣西中式

萬曆壬午科

紹興王承作再中式　解元紀直隸中式　方日新福建中式

三江陶明宰武魁　張應試再中式　李銳再中式

葉有蔭再中式

臨山丁世美繼禎子千戶武元　劉尭服再中式　錢如山再中式

林之杞　蔡陽春直隸中式

瀝海項治元

觀海黄卷千戶　周尚文百戶　陳應辰福建中式

梁時聘廣東中式

山陰季桂再中式　趙一元　徐應兆

會稽章程　章遂再中式　王棟

陶世學直隸中式武元　于溥北京中式

餘姚周子敬三江所小旗三中式　毛思義　胡時鳳

余賛直隸中式

萬曆乙酉科

紹興周于德衛鎮撫

三江張應奇三中式　曹復心　葉得春

陶明宰再中式　孫可教再中式　韓輔國范之子

李天常直隸中式

臨山丁世美再中式　劉堯服三中式　馬經再中式

觀海汪萬里衛鎮撫　黃卷再中式　梁時聘廣東中式

山陰任希旦武魁　吳揚忠　臧國光三中式

錢贊元廿中式　吳中起直隸中式　吳國道遼東中式

會稽章成再中式　章仲斌直隸中式

餘姚鄒懷忠　盧元選　楊弘吉北京中式

上虞趙國鎮直隸中式

附

京衛會舉

皇明國初定制京衛世冑六年一試拔其尤者許應武舉會試以前未有自今始

萬曆十五年

山陰吳有孚錦衣衛千戶

餘姚王承恩錦衣衛百戶

紹興府志卷之三十五

人物志一

帝后

志人物而首帝后、帝后固庶物之首出者也、自古帝王常產於秦晋河洛之壖、彼其土沃衍、其氣渾龐、是以靈秀獨鍾焉、自漢而下、則風氣漸徙而南。豐碭濠徐之間。異人輩出矣。然猶大江之北、中原之區也、吾越海陬彈丸耳、乃自虞夏迄有宋、賢聖之君或生而遊焉、或歿而塟焉、史傳有足徵者、其無乃東南清淑之氣大會於會稽、而曹娥錢塘左右縈抱以入于海

地靈人傑、有由然耶、矧今上皇后鍾祥舜水、母儀萬國、他日且與握登並傳矣、是烏可無紀也、

虞舜　按舜姚姓、史稱冀州人、舜母握登感虹而生舜於姚墟、因以姚爲姓、姚墟者冀土也、然孟子以舜爲東夷之人、冀於九州爲北、安得爲東夷哉、今會稽蓋有諸馮村、云舜之窮也嘗耕歷山、漁雷澤、陶河濱、比其達也受堯之禪、終於文祖、而支庶分封於餘姚、又封於上虞、以虞稱國、故因曰上虞、以姚稱姓、故因曰餘姚、而其地有虞山、歷山、舜山、舜井、舜田、粟里、陶

竈漁浦、又有握登、舜廟、舜即未必生於此、要亦其子孫像舜所居而名之者矣、古者天子巡狩方岳以勤恤民隱、舜南巡既已至於蒼梧、況會稽東南巨鎮哉、王十朋氏曰、舜不生於是則遊於是、其殆然乎。其國傳世不知於何時絶、然勾踐之地東至於鄞、鄞者今寧波之鄞縣也、則疑於此時已亡矣、

夏禹　按禹受舜命治水、功未及成、愁然沉思、乃按黄帝中經曆、蓋聖人所記曰在于九山東南天柱號曰宛委、禹乃登宛委發金簡之書、按金簡玉字得通水之理、還治水畢功于了溪、宛委者會稽南山也、了

溪在今嵊縣、及禹受舜禪、三載考功、五年考定、周行天下、至大越、登茅山以會諸侯、執玉帛者萬國、封有功、爵有德、惡無細而不誅、功無微而不賞、防風氏後至、禹戮之。防風氏、中州諸暨也、其身三丈、刑者不及、乃築高塘以臨之、禹既會諸侯、乃大會計治國之道、更名所登茅山曰會稽之山、會稽者、會計也、禹是時已耆艾將老、遂崩於大越、葬于會稽之山、後少康封其庶子無餘於大越、以奉禹祀、祥禹陵下

宋高宗　按高宗南渡、都臨安府、建炎三年、金人分道來侵、冬十月、帝自臨安如越州、以州治爲行宮、而

以大善寺爲守宅十一月用吕頤浩計下詔親征次錢清鎮百司有至曹娥江者有至錢清堰者趙鼎力諫不可帝還越州兀朮入建康帝奔明州十二月金人陷越州四年屠明州帝走温台州二月金人自明州引兵北還四月帝復駐越州六月隆祐皇太后孟氏至自處州紹興元年正月下詔改元紹興夏四月隆祐皇太后崩六月攢于會稽山之上皇村冬十月陞越州爲紹興府二年春正月帝以吕頤浩勸自紹興至臨安復以行宫賜守臣

宋理宗　按理宗諱昀、初名與莒、太祖十世孫、父希瓐、燕懿王德昭之後也家於山陰、母全氏以開禧元年正月癸丑、生帝於城西之虹橋里第、前一夕父夢一紫衣金帽人來謁、比寤赤光滿室、家人聞戶外車馬聲、亟出無所覩、帝常晝寢、人忽見其身隱隱如龍鱗、時寧宗弟沂王薨無嗣、以宗室希瞿子爲沂王後賜名貴和、嘉定十三年、景獻太子薨、乃立貴和爲皇子、又改名竑、史彌遠在相位久、欲假沂王置後爲名居奇貨以射利、會塾師余天錫將反慶元、彌遠密屬之曰、今沂王無後、宗子賢厚者幸具以來、天錫渡江、抵越城西門、過全保長避雨、保長知是丞相館客、具鷄黍甚肅，須臾有二子侍立，天錫異而問之，保長曰：此吾外孫趙與莒、與芮也。日者嘗言二兒後當極貴。天錫因憶彌遠言，及還臨安以告，即召見，彌遠大奇之，遂留邸中，屬天錫丹朱爲沐浴教字，禮度益閑。補秉義郎，爲沂王後，賜名貴誠，尋授右監門衛大將軍。帝時年十七，性凝重寡言，潔脩好學，每朝參待漏，他人或笑語，帝獨儼然，出入殿廷，矩度有常，見者斂容。彌遠益注意焉。皇子竑素嫉彌遠，語稍泄，彌遠乃令國子學録鄭清之爲王府教授，潛謀易儲。十四年，寧宗有疾久不視朝，彌遠遣清之往沂王府，告以將立之意帝默不應清之又請帝拱手徐言曰紹興老毋在清之以告彌遠盍相與歎其不凡八月寧宗崩彌遠謀於楊皇后矯詔立貴誠爲皇太子改名昀嗣皇帝位封竑爲濟陽郡王出居湖州尋以事殺之帝在位四十年壽六十二

宋度宗　按度宗諱禥理宗毋弟榮王與芮之子也嘉熙四年四月九日生於紹興府榮邸初榮文恭王夫人全氏夢神言帝命汝孫然非汝家所有既榮王夫人錢氏夢日光照東室是夕隆國夫人黃氏亦夢神人來擁一龍納懷中已而有娠及生室有赤光資

識內慧理宗奇之及在位久無子遂屬意托神器焉淳祐六年十月己丑賜名孟啓以皇姪授貴州刺史入內小學七年正月乙卯授貞州觀察使就王邸訓習後改名孜封益國公又改賜今名寶祐二年十月癸酉進封忠王十一月壬寅加元服賜字邦壽景定元年六月壬寅立爲皇太子賜字長源七月丁卯入東宮癸未行冊禮時理宗家教甚嚴鷄初鳴入内問安再鳴還宫三鳴往會議所叅决庶事退入資善堂聽講經史將晡復至榻前起居率爲常理宗問今日講何書荅之是則賜茶否則爲之反覆剖析又不通

則繼以怒明日使之復講五年十月丁卯理宗崩受遺詔太子即皇帝位庚午宰執文武百官詣祥曦殿表請聽政不允凡七表始從改元咸淳在位十年壽三十五以上皆帝

漢薄太后高祖姬文帝母也其父吳人死山陰因塟焉姬初侍魏王豹許負相姬當生天子豹心喜因背漢而中立高帝既破豹納姬後宫幸之生文帝立爲代王自有子後希得見高祖崩吕后怒諸幸姬皆幽之不得出而姬以希見故得出從子之代爲代太后高后死大臣議立後慮外家強暴皆稱薄氏仁善遂

迎立代王爲皇帝尊太后爲皇太后封弟昭爲軹侯追尊太后父爲靈文侯會稽郡致園邑三百家長丞以下使奉寢廟上食祠如法

晉安僖王皇后諱神慶中書令獻之女也以太元二十一年納爲太子妃及帝即位立爲皇后無子義熙八年崩於徽音殿葬休平陵

梁文宣阮太后諱令嬴餘姚人本姓石初齊始安王遥光納焉遥光敗入東昏宫武帝平建康納爲采女幸之有孕嘗夢龍罩其床天監六年八月生元帝於後宫是日大赦尋拜爲修容賜姓阮氏隨元帝出藩

太同六年六月薨于江州元帝即位追崇爲文宣太后贈太后父石靈寶散騎常侍右衛將軍封武康侯毋康氏武康夫人

梁景帝夏太后會稽人會通中納于湘東王宮生景帝承聖元年冬拜晋安王國太妃紹泰元年尊爲太后

【唐】穆宗王皇后本會稽仕家自幼得侍帝東宮生敬宗長慶時册爲妃敬宗立尊爲皇太后贈后父紹鄉司空毋張氏趙國夫人文宗時稱寶曆太后太和五年復號義安太后義安者太后所居宮也

陳后主沈皇后，望蔡貞憲侯沈君理女也。君理尚高祖女。

宋太祖孝惠賀皇后，初封會稽郡夫人，後追冊爲后。

太宗懿德符皇后，初封越國夫人，追冊爲后。

按宋都於汴，而二后始封或爲會稽，或爲越。當英宗時，追封燕王德昭爲越王，其後德昭之裔卒有天下，而宋卒亡於越，其兆盖已見於數百年之前矣。故附録之。

寧宗楊皇后，少以姿容選入宮侍。寧宗忘其姓氏，云會稽人。時有楊次山者，亦會稽人，后自謂其兄也，遂姓楊氏。慶元二年，封婕妤，六年，進貴妃。恭淑皇后崩，宮中未有所屬，貴妃與曹美人俱有寵，韓侂胄以貴妃任權術、而曹美人柔順、勸帝立曹、而貴妃頗涉書史、知今古、復機警、帝竟立之、后由是銜侂胄、會其用兵中原、再開金釁、竟與史彌遠定計殺侂胄於玉津園、自後彌遠日益貴用事、謀廢皇子竑、而立宗室子昀爲皇子、十七年閏八月、帝崩、彌遠夜召昀入宮、遣次山子谷石以廢立事白后、后不可、曰皇子先帝所立。豈敢擅變。一夜凡七往返、后。終。不。可。谷石乃拜且泣曰、内外軍民皆已歸心、苟不立之則禍變必生、楊氏其無噍類矣、后默然良久曰其人安在、彌遠輙使昀入見、后拊其背曰、汝今爲吾子矣、遂矯詔廢竑爲濟陽王立昀爲皇子、即皇帝位、尊后爲皇太后、垂簾同聽政、寶慶元年、正月、后壽七十、帝率百官朝慈明殿、加尊號壽明仁福慈睿皇太后、其年太后不豫、罷聽政、詔禱天地百神、赦天下、明年十二月崩、謚恭聖仁烈太后、

度宗全皇后、山陰人、理宗母慈憲夫人姪孫女也、畧涉書史、知古今、初元兵圍潭州不下、人有見神人衛城者、時后從父自岳州道潭州、在圍中逾年、事平至臨安、會忠王議納妃、臣僚言全氏侍其父詔孫往返江湖、備嘗艱險、其處富貴、必能盡警戒相成之道、理

宗以慈憲故，乃詔入宮，問曰：爾父詔孫昔在寶祐間，沒於王事，每念之，令人可哀。后對曰：妾父可念，淮湖之民尤可念也。帝深異之，語大臣曰：全氏女言辭甚令，宜配冢嫡，以承宗祀。景定二年十二月，冊爲皇太子妃。度宗即位之三年正月，冊爲皇后，追贈三代，賜家廟第宅。五年三月，后歸寧，推恩姻族有差。

皇明

今上皇后，姓王氏，餘姚人。五世祖蘊，居縣之雙鴈鄉。洪武十九年，爲抽取民兵，隨駕入京，充校尉，陞錦衣衛百戶。子賢，順天府學生，應貢，歷鎮江府教授。賢子

杞中武科除定海衛鎮撫杞子正入鄞縣學例貢爲

國子生正子偉生女一

恩選中宮萬曆六年

大婚禮成賜偉永年伯子棟錦衣衛指揮僉事以上皆后

紹興府志卷之三十五

紹興府志卷之三十六

人物志二

王侯

吾越僻壤耳古今之拜爵爲王侯者何夥也勾踐僭稱春秋已黜之錢鏐與勾踐等耳自後以王爵加人臣莫濫於宋則敘功之典褻矣陸務觀之疏其有爲而言之耶若乃五等之爵自漢迄今邁會策勳者斌斌相望蓋山川之炳靈信有不偶然者而或以駔儈之流倖竊榮號卒以戮死若徐羨之阮佃夫輩是不足爲山川羞乎今略述其封爵之所繇凡若干人若

其人所表見非爵秩可槩者並詳別傳此不復著云

越王勾踐。其先夏后氏少康之庶子曰無余，封於會稽，以奉守禹祀。國於秦望之南，文身斷髮，披草萊而邑焉。耕種陵陸，逐禽鹿以爲食，不設宮室之飾，從民所居。無余傳世十餘，而微劣不能自立，爲編戶。又十餘世，有無壬者，生而能言，脩祭祀，復禹墓，民皆悅之，相與推奉以承越君。後自是稍有君臣之義。無壬生無睪，無睪又名夫譚，能順天命，以守其國。夫譚卒，子允常立。魯昭公五年，偕楚伐吳，始列於春秋。越之興覇自允常矣。允常卒，子勾踐立，是爲越王，徙治山北，

闔廬自取死

勾踐自取敗

吴王闔廬聞允常死乃興師伐越越王勾踐使死士屬劒於頸以眩吴師師屬之目勾踐因而伐之大敗吴師於檇李闔廬傷而死其子夫差使人立於庭苟出入必謂已曰夫差而忘越王之殺而父乎則對曰唯不敢忘方日夜謀勒兵以報越越輒先吴未發往伐之吴王聞之悉發精兵擊越敗之夫椒越王乃以甲楯五千保棲于會稽吴王追而圍之越王用范蠡計乃令大夫種膝行請成于吴且賂其太宰嚭子胥諫吴王不聽卒赦越罷兵而歸越王反國乃苦心焦思置膽于坐坐卧即仰膽飲食亦嘗膽也曰女忘會

稽之耻耶。身自耕作。夫人自織。食不加肉。衣不重采。折節下賢人。厚遇賓客。振貧吊死。與百姓同其勞。任用范蠡大夫種及其大夫計硯諸稽郢臯如扶同苦成之流。深謀。遠計。十餘年。其後吳伐齊。子胥以諫死、太宰嚭專政、明年春吳王北會諸侯於黃池、盡以精兵從太子獨與老弱留守、越王乘間發習流二千俊士四萬君子六千諸御千人以乙酉與吳戰。丙戌遂虜殺太子。丁亥入吳。焚姑胥臺。吳告急於王、王方會諸侯於黃池懼天下聞之、乃秘不令洩、既盟使人厚禮以請成于越、越自度未能滅吳乃與吳平、其後四年越復伐吳大破吳師因而留圍之三年吳師潰夫差乃棲於姑蘇之山使行成於越越王將許之范蠡不可遂鳴鼓而進追至餘杭山吳王自殺越王乃以禮葬吳王而誅太宰嚭引兵北渡淮與齊晉諸侯會于徐州致貢於周周元王賜勾踐胙命爲伯先是勾踐地南至于句無北至于禦兒東至于鄞西至于姑蔑及是并有吳地死士八千人戈船三百艘橫行於江淮東諸侯畢賀號稱伯王徙都瑯琊勾踐卒子王鼫與立王鼫與卒子王不壽立王不壽卒王翁立王翁卒子王翳立王翳遜國逃於巫山之穴越人薰而

必至之勢

出之王翳遜國之賢君蓋吳太伯之儔也。王翳卒子王之侯立王之侯卒子王無彊立自勾踐勝吳至於無彊伯者二百二十四年無彊與中國爭强將興師北伐齊齊威王使人說越王於是越遂釋齊伐楚楚威王興兵伐之大敗越殺王無彊盡取故吳地至浙江而越以此散諸族子爭立或爲王或爲君濱于江南海上服朝于楚傳七世至閩君搖秦并天下廢搖及其族名無諸者並爲君長以其地爲閩中郡後搖佐諸侯平秦。漢高帝復立搖爲越王以奉越後都東甌。東越閩君皆其後也

吳越王錢鏐字具美臨安人也幼時與郡兒戲大木下指揮郡兒爲隊伍頗有法及壯不事生業以販鹽爲盜善射與槊稍通圖緯諸書唐乾符二年浙西裨將王郢作亂鎮將董昌募鄉兵討賊表鏐偏將擊破郢又出奇兵破黄巢於臨安是時天下已亂昌乃團諸縣兵爲八都以鏐爲都指揮使中和二年越州觀察使劉漢宏與昌有隙遣弟漢宥等屯兵西陵鏐率八都兵渡江竊敵軍號斫其營營中驚擾因焚之漢宥等皆走漢宏復遣將屯諸暨蕭山鏐皆攻破之大敗漢宏四年又引兵出平水破其將朱褒等於曹娥

逮進屯豐山遂攻破越州鏐乃奏昌代漢宏而自居杭州光啓三年拜鏐杭州刺史乾寧二年昌據越州反昭宗以鏐爲浙東招討使討昌鏐曰董氏與吾有恩不可遽伐乃引兵屯迎恩門遣人諭昌使改過昌以錢二百萬犒軍自請待罪鏐乃還昌復拒命鏐遣顧全武討之附城而壘屯兵五雲門昌諸將皆庸人遇全武輒敗昌兄子眞驍勇善戰全武等攻之逾年不能克眞與裨將刺羽有隙羽譖之昌殺眞兵乃敗全武執昌歸杭州至西小江昌投水死拜鏐鎮海鎮東軍節度使鎮東軍者越州軍府也始曰威勝至是

改鎮東而以授鏐，賜鐵券，恕九死。鏐至越州受命，而還治錢塘，以越州爲東府。梁太祖即位，始封鏐爲吳越王。唐莊宗入洛，鏐遣使貢獻，求玉册，乃賜以玉册金印。鏐以鎮東等使授其子元瓘，而自稱與越國王，所居曰宫殿，府曰朝，官屬皆稱臣，遣使册新羅、渤海王，海中諸國皆封拜其君長。長興三年，鏐卒，年八十一，謚武肅。子元瓘嗣。元瓘亦喜撫將士，好儒學，喜爲詩，置擇能院，録用文士。天福六年卒，年五十五，謚文穆。子弘佐立。弘佐時年十三，諸將皆少弘佐。弘佐初優容之，諸將稍不法，弘佐乃黜殺大將以下四人，由是國中皆畏恐。李仁達與李景相攻、仁達求救于弘佐、召諸將討事、諸將皆不欲行、弘佐奮然曰。吾爲元帥而不能舉兵邪。諸將皆吾家素畜養。獨不能以身先我乎。有異議者斬。乃遣將率兵三萬水陸赴之、大敗景兵、遂取福州而歸、由是諸將皆服。開運二年卒、在位七年、年二十、謚忠獻。弘佐既卒、弟弘倧以次立、爲其大將胡進思所廢、迎弘俶立之、弘俶歷漢周襲封吳越國王、賜玉册金印、皆如先世。世宗征淮南、令弘俶以所部分路進討、屢有功、淮南內屬、遣翰林學士陶穀司天監趙修己使弘俶賜羊馬槖駞、自是以爲常七月又遣閤門使曹彬賜兵馬旗幟宋太祖受命弘俶貢奉有加每遣使必焚香再拜乾德元年兩入貢開寶五年又遣幕吏黄夷簡入貢上謂之曰汝歸語元帥常訓練兵甲江南彊倔不朝我將討之當助我無惑人言特命有司造大第于薰風門外偉甚名禮賢宅待李煜及弘俶先來朝者賜之詔令諭旨于弘俶七年討江南遣内客省使丁德裕齎詔以弘俶爲東面招撫使賜戰馬旌旗劒甲令德裕以禁兵步騎千人爲弘俶前鋒盡護其軍李煜貽書于弘俶曰今日無我明日豈有君明天子一旦易地酬勳王

亦大梁一布衣耳。弘俶不荅、以書上、八年弘俶率兵從王師拔常州、平潤州、遂進討金陵、江南平、論功以弘俶大將並爲節度使、詔弘俶入朝、九年弘俶與其妻孫氏子惟濬入朝、上遣皇子德昭至睢陽迎勞。弘俶將至、車駕先至禮賢宅按視供帳之具。及至詔弘俶居之。對于崇德殿。貢賜俱厚。詔特賜劒履上殿。書詔不名。以孫氏爲吳越國王妃、數詔弘俶與其子宴苑中、惟諸王預坐、每宣諭弘俶、弘俶拜謝、多令內侍掖起、弘俶感泣、車駕幸西京雩祀、弘俶懇請扈從不許、留惟濬侍視、令弘俶歸國、太祖宴餞于講武殿、特賜導從儀衛自禮賢宅陳列至迎春苑自初至逮歸所賜金帛他物不可勝計弘俶既歸甞視事功臣堂一日命坐于東偏曰西北神京在馬天威不違顏咫尺弘俶敢寧居乎太宗即位加食邑五千户弘俶貢極盛又請歲增常貢詔不許太平興國三年入朝遣使至泗州迎勞弘俶至宴長春殿又宴後苑泛舟池中會陳洪進納土弘俶上言願以所管十三州獻闕下詔許之封弘俶淮海國王賜以禮賢宅封其子姪皆爲節度團練觀察等使體貌隆盛冠絶一時仍令兩浙發弘俶緦以上親及管内官吏悉歸朝凡舟一

千四十四艘所過以兵護送雍熙元年改封漢南國王弘俶四上表讓國王封封許王端拱元年春徙封鄧王會朝廷遣使賜生辰器幣與使者宴飲至暮有大流星墮正寢前光燭一庭是夕暴卒年六十上廢朝七日追封秦國王謚忠懿命中使護喪歸葬洛陽錢氏自鏐至俶三世四王與五代相終始方天下大亂獨能保障一方使民不識兵革卒歸真主舍始今終吳越人思慕功德至今祠祀不廢云

宋　榮王與芮理宗同母弟也嘉定十七年理宗即位封父希瓐爲榮王以與芮襲封奉祀開府山陰蕺山

之南曰福王府

會稽郡王史浩謚文惠加封越王改謚忠定配享孝宗廟庭其子彌遠亦封會稽郡王

會稽郡王楊次山上虞人楊太后兄嘉定十三年封少好學能文善避權勢時論賢之二子谷石谷封新安郡王石封永寧郡王

榮陽郡王張稱孫蕭山人以平章事進封詳本傳以上皆王

漢

陽都侯丁復山陰人始以越將從起薛至霸上爲樓煩將入漢從高帝定三秦屬周呂侯破龍且於彭

城爲大司馬破項籍軍於葉拜將軍忠臣侯七千八
百戶高帝定元功十八人復位十七十九年薨謚曰
敬子趮侯甯嗣高后十二年卒子安城嗣孝景二年
有罪免元康四年復曾孫臨沂公士賜詔復其家
南宮侯張買越人爲高祖騎將軍呂太后元年四月
丙寅以中大夫封
安遠侯鄭吉山陰人以卒伍從征西域爲郎宣帝時
以侍郎田渠黎積穀因發諸國兵攻破車師遷衛司
馬使護鄯善以西南道神爵中匈奴從兄日逐王來
降吉發渠黎龜茲諸國五萬人迎之至河曲頗有亡

者吉追斬之遂將詣京師吉既破車師降日逐威震西域遂幷護車師以西北道故號都護都護之置自吉始焉上嘉其功封吉爲安遠侯吉於是中西域而立莫府治烏壘城鎮撫諸國漢之號令班西域矣始自張騫而成於鄭吉吉薨謚曰繆侯子光嗣薨無子國除元始中錄功臣不以罪絕者封吉曾孫永爲安遠侯

西鄉侯朱儁字公偉上虞人少孤母常販繒爲業儁以孝養致名爲縣門下書佐好義輕財鄉閭敬之太守尹端辟爲主簿遷蘭陵令會交趾郡群賊並起拜

儁交趾刺史至州界擊破賊降數百人以功封亭侯賜黃金五十斤徵爲諫議大夫拜右中郎將持節與皇甫嵩討潁州黃巾諸賊悉破平之進封西鄉侯又破南陽張曼成及趙弘等又降韓忠散其餘孽時董卓專政以儁宿將外甚親納而心實忌之關東兵盛卓議徙都長安儁輒止之卓雖惡儁異已然貪其名重乃表遷太僕以爲已副儁懼爲卓所襲遂棄官奔荆州及卓被誅其將李傕郭汜作亂徐州刺史陶謙以儁名臣乃謀諸豪傑共推儁爲太師討傕等迎天子會傕用周忠賈詡策徵儁入朝軍吏欲應陶謙儁

曰以君召臣義不俟駕况天子詔乎遂辭譙就徵爲大司農后催與汜相攻獻帝詔儁等往諭解汜不從遂留質儁等即日發病卒

吳 餘姚侯虞汜字世洪會稽人翻第四子孫綝迎立瑯琊王休未至欲入宮圖不軌汜於衆中以義折之綝竟立休汜爲散騎常侍以討扶嚴功拜交趾刺史冠軍將軍封餘姚侯

都鄉侯闞澤山陰人赤烏中以儒學勤勞封詳本傳

都亭侯吳範字文則上虞人爲人剛直好自表見精於歷數知風氣所言多驗權封爲都亭侯

山陰侯賀齊字公苗山陰人本姓慶氏伯父江夏太守純避漢安帝諱姓賀氏齊少授守剡長有縣吏斯從輕俠爲姦齊斬之從族黨糾衆攻縣齊率吏民擊破之威震山越後大末豐浦民反轉守大末長誅惡養善期月悉平侯官長商升起兵應王朗齊諭以禍福升遂降領都尉事累立破賊功遷秩賜軿車駿馬吏卒兵騎如在郡儀吳主權望之嘆曰非積行累勤此不可得常從權攻魏合肥魏將張遼襲權于津北齊將兵迎于津南脫權於難因涕泣曰願終身以此爲戒權自前收其淚曰謹以刻心豈但書紳後與陸

遜破尤突降丹陽三縣得精兵八千拜安東將軍封
山陰侯遷後將軍領徐州牧弟景仕爲賊曹校尉子
達孫質位至虎牙將軍
都鄉侯鍾離牧字子幹山陰人意七世孫少居永興
躬自墾田二十畝禾登縣民爭之牧不與競由此發
名赤烏五年從郎中歷遷中書令會律安鄱陽新都
三郡賊亂出牧爲監軍使者討平之封秦亭侯越騎
都尉永安中以平魏將軍領武陵太守會魏郭純誘
致諸夷進攻酉陽牧率所領晨夜進道斬渠帥及其
支黨純等散走五溪平進封都鄉侯卒于官家無餘

財士民思之子稜嗣代領兵少子徇在忠節傳

晉 武昌侯虞潭字思奥翻之孫也清貞有檢操州辟從事主簿舉秀才除祁鄉令徙醴陵張昌反潭起兵斬其帥遂周旋征討賜爵都亭侯進東鄉侯元帝檄潭討華軼軼平領安平太守而援甘卓于宜陽以討杜弢領長沙太守固辭不就王敦反潭時爲湘東太守召補軍諮祭酒累遷宗正卿以疾乞歸敦令沈充逼京師潭遂招合宗黨及郡大姓以萬數號曰義兵赴國難詔以爲冠軍將軍領會稽内史潭遣其前鋒渡浙江躡充而自次于西陵爲援會充禽罷兵徵拜

尚書成帝即位以勤王進爵零陵侯蘇峻反加潭督三吳晉陵宣城義興五郡軍事乃與郗鑒王舒協同義舉陶侃假潭節監揚州浙江江西軍事潭率衆并勢掎角峻平詔轉潭鎮東將軍吳國內史進爵武昌侯累遷侍中光祿大夫開府儀同三司給親兵三百人以官壽卒謚孝烈子仡右將軍司馬仡子嘯父官至侍中

平康侯虞預餘姚人初平王含以功封西鄉侯後平蘇峻進封詳本傳

餘不亭侯孔愉山陰人以討華軼功封又爲會稽內

史詳本傳

永安伯丁潭山陰人以誅蘇峻功封詳本傳

晉安男孔坦愉從子也以誅蘇峻功封詳本傳

廬陵郡公謝安初封建昌縣公後以破符堅功進封詳本傳安卒子琰嗣宋劉裕以安功高更封其孫澹爲柴桑侯邑千戸奉安祀

望蔡公謝琰字瑗度安之子也與從兄玄同破符堅功封後爲會稽内史孫恩之亂與二子肇峻俱戰沒劉裕以琰父子忠孝贈琰侍中司空謚忠肅峻初以父勳封建昌侯及死於難與兄肇俱贈散騎常侍

康樂公謝玄安從子也以破符堅功封玄請以先封東鄉侯賜兄子玩詔聽之更封玩豫寧伯玄後爲會稽内史卒于瑍嗣瑍早卒子靈運嗣玄靈運並詳本傳

南康郡公謝石字石奴安之弟也初拜秘書郎累遷尚書僕射征句難以勳封興平縣伯淮淝之役詔石爲大都督與兄子玄琰破符堅進封郡公卒贈司空謚曰襄

［宋］侯官縣侯孫處字季高會稽永興人以字行武帝征孫恩季高樂從及平建業封新番縣侯盧循之亂

季高率衆三千汎海襲破番禺循黨潰奔又屢擊走之卒贈南海太守封侯官縣侯追贈交州刺史

南平郡公徐羨之剡人也今上虞有政事後爲桓循參軍與宋武帝同府深相親結武帝即位封南昌縣公與傅亮謝晦謀廢立及文帝即位改封郡公尋暴其罪誅之

建城縣侯阮佃夫諸暨人初出身爲臺小史湘東王彧出閤請爲世子師甚見信待景和元年彧爲前廢帝駿所疑禍且不測佃夫與王道隆輩共謀廢駿立湘東王彧是爲明帝論功封侯兼遊擊將軍權侔人

主大通貨賄四方珍寶悉萃其門宅舍園池之盛諸王邸第莫及也後廢帝時復以謀逆事露賜死

齊

建昌侯戴僧靜永興人少有膽力便弓馬事刺史沈文秀叛還淮陰魏軍至僧靜應募出戰單力直前魏軍奔退又追斬三級齊高帝即位自寧朔將軍封建昌縣侯後除南中郎司馬淮南太守愛民惜士甚得物情永明八年巴東王子殺人武帝召僧靜使領軍向江陵僧靜不肯曰天子兒過誤殺人有何大罪今悉遣軍西上人情惶懼上不答而心善之遷廬陵王中軍司馬高平太守卒

曲江公王晏上虞人弘之孫也初仕宋爲上虞令齊武帝時累遷吏部尚書右僕射帝崩遺旨以尚書事付晏及明帝謀廢立晏輒佐之以功封曲江侯建武中進爵爲公晏性浮動志無厭明帝積其疑異遂因左右之譖誅晏于華林省并殺其弟廣州刺史詡

漢昌侯朱士明嵊人齊舉茂才梁天監初授儒林博士官至吏部尚書封漢昌侯今桃源鄉有朱尚書廟

按嵊志士明於天監中進封則當爲梁人矣而鄉賢祠乃繫之齊豈以其初仕而言耶俟再考焉

梁

建寧侯王琳山陰人元帝時以軍功封後梁亡起兵死難詳忠節傳

陳文招縣男韓子高山陰人年十六事陳文帝於吳興帝常夢騎馬登山路危欲墮子高推捧而升文帝之討張彪也據有州城會彪自剡縣夜還襲之文帝自北門出倉卒闇夕軍人擾亂時周文育鎮北郭香巖寺子高往見出入亂兵中慰勞衆事帝兵稍集子高引入文育營因共立柵明日敗彪帝即位除右軍將軍封男

唐永興縣公虞世南餘姚人太祖初封永興縣子貞觀八年進爵爲公詳本傳

梁郡公孔若思山陰人中宗時以衛州刺史進封詳

本傳

武昌縣子孔禎山陰人第進士歷監察御史門無賓客高宗時遷絳州刺史進封卒諡曰溫子詡仕至左補闕陳子昂稱其神清韻遠可比衛玠

襄陽縣男羅珦會稽人以京兆尹封詳本傳

會稽郡公徐浩會稽人肅宗朝以尚書右丞進封詳本傳

會稽郡公康志睦字德衆日知子也討李同捷以功封子叔訓封會稽縣男

【宋】臨江侯羅開湍會稽人詳本傳

竹按宋朝封爵多自其致仕或卒時追錫之與先朝不同云

祁國公杜衍山陰人詳本傳

文安開國侯石公弼新昌人詳本傳

文安縣開國男姚舜明嵊人詳本傳

文安縣開國男黃彥諸暨人熙寧進士

會稽縣開國伯王夢龍新昌人詳本傳

餘姚縣開國子胡沂餘姚人詳本傳子衞封餘姚縣開國伯

山陰縣開國男王佐山陰人詳本傳

山陰縣開國子陸游山陰人詳本傳

會稽縣開國伯司馬伋温國文正公六世孫自山西夏縣從宋南渡築室山陰遂家焉卒葬亭山

越國公趙師意贈太師理宗祖也

越國公趙希言字若訥淳熙十四年進士贈資政殿大學士謚忠獻

會稽郡侯趙宗敏以宗室封爲交州刺史

會稽郡侯趙叔韶字君和以宗室封

元會稽縣男楊宏諸暨人維禎之父

皇明新建伯王守仁餘姚人以平逆濠論功封詳理學傳隆慶初子正億嗣正億卒子承勳嗣

永年伯王偉餘姚人
今上皇后之父也以恩澤封以上皆侯

紹興府志卷之三十六

紹興府志卷之三十七

人物志三

名宦前

職官有志矣志名宦者何職官非賢否所繫也有其人則書之名宦所以錄賢也賢者錄之而不賢者可知已越自種蠡著勛下逮秦漢到於今凡官於茲土者或總理或分治不一其職苟誠有功德於民民必追慕而咏歌之千百年如一日也予故稽往牒采民謠而著之爲傳將使後來者循其名核其實惕然起景行之思焉越之民其永有攸墍乎若其人尚仕而

未發者即輿論所歸例不輒入以遠諛結之嫌姑有竢焉

周文種字子禽楚之鄒人或曰甬東人爲越大夫越王勾踐既敗於吴棲于會稽之上喟然嘆曰終於此乎種曰湯繫夏臺文王囚羑里重耳奔狄小白奔莒其卒王霸由是觀之何遽不爲福乎王乃號令於三軍曰有能助寡人謀而退吴者吾與之共知越國之政種進對曰夫謀臣與爪牙之士不可不養而擇也君王既棲于會稽之上然後乃求謀臣無乃後乎勾踐曰苟能聞子大夫之言何後之有執其手而與之

謀遂使之行成于吳時吳太宰嚭取貨于越乃言於王與之成而去已而句踐入臣於吳自吳歸國曰以報吳謀於范蠡蠡曰兵甲之事種不如蠡鎮撫國家親附百姓蠡不如種王乃以兵事咨蠡舉國政屬之種越卒滅吳稱伯皆二人之力也吳旣滅范蠡遂去自齊遺種書言越王爲人長頸烏喙可與共患難不可與共安樂勸之去種見書稱病不朝人或讒種且作亂越王乃賜種劒曰子教寡人伐吳七術寡人用其三而敗吳其四在子子爲我從先王試之種遂自殺

范蠡字少伯本南陽人或曰楚三尸人嘗師事計然精計筭之術其始在楚務自隱匿一癡一醒時人盡以爲狂大夫種入其縣得蠡而悅因與之共入吳吳方任子胥無所關其辭遂去吳之越越王賢而用之越王聞吳王夫差日夜勒兵且以報越欲先其未發往伐之范蠡諫勿聽卒敗于吳困于會稽乃用范蠡計使大夫種納賂請成吳王許之撤兵歸范蠡從越王入臣於吳吳王囚之石室三月吳王召越王入見越王伏于前范蠡立于後吳王以范蠡爲賢欲使之棄越事吳范蠡對曰臣聞亡國之臣不敢語政臣在

越不忠不信今越王用兵與大王相持至今獲罪蒙大王鴻恩得君臣相保願得入備掃除出給趨走臣之願也是時越王伏地流涕自謂遂失范蠡矣吳王知范蠡終不可得乃復置之石室吳王登遠臺望見越王及夫人范蠡坐于馬糞之旁君臣之禮存夫婦之儀具王顧謂太宰嚭曰彼越王者一節之人范蠡一介之士雖在窮厄之地不失君臣之禮寡人傷之嚭曰願大王以聖人之心哀窮孤之士吳王曰爲子赦之其後吳王有疾范蠡卜之至巳巳日當瘳因勸越王入問疾求嘗其溲以瘳期賀之越王用其計吳

王果大悅赦越王歸國越王既歸乃益親范蠡而委國以聽曰不穀之國家蠡之國家也范蠡于是言於王以民事委大夫種以兵事自任拊循訓練上下戮力既十餘年越王屢欲報吳范蠡皆以爲未可已而吳王會諸侯於黃池精兵悉從行獨老弱與太子留守范蠡曰可矣乃悉發兵伐吳吳敗吳師殺其太子吳告急於王王反自會厚禮請成蠡以吳尚能與守也乃復言於王許之成而退後四年復伐之大破吳師因以兵圍之復棲吳王於姑蘇之山吳王使王孫雒行成於越亦欲如會稽之赦越王不忍將許之范蠡

曰會稽之事天以越賜吳吳不取今天以吳賜越越其可逆天乎且君王蚤朝晏罷謀之二十二年一旦而棄之不可乃鼓進兵以隨使者至於姑蘇之宮遂滅吳反至五湖辭于王遂乗輕舟入海變名姓爲鴟夷子皮之齊爲陶朱公後竟不知所之王命工以良金寫蠡之狀而君臣朝禮之環會稽三百里以爲蠡地而禁之無侵云

扶同不知何許人仕越爲大夫越王將入臣于吳羣臣臨浙江祖道王曰孤承前王餘德諸大夫之謀得保前王丘墓今遭耻辱爲天下笑君臣之間其咎安

在扶同曰昔湯繫夏臺伊尹不離其側文王囚石室太公不棄其國興衰在天存亡繫人故湯不以窮自傷周文不以困爲病越王自會稽歸七年拊循其士民欲以報吳扶同諫曰鷙鳥之擊必匿其形聖人之謀不見其象今大王臨敵破吳宜損少詞無令洩也臣聞吳王兵加於齊晉而怨結於楚大王宜親齊結晉陰固於楚而厚事於吳吳之志廣必輕戰三國決權還爲敵國越乘其敝可克也越王曰善是後吳伐齊以自罷越乘釁以破吳扶同之謀也

忭按吳越春秋越絕書並作扶同而史記作逢同然吳亦有逢同乃與宰嚭共譖子胥者其後越王

誅宰嚭并及逢同然則在越者宜作扶同而史記或誤耳今正之

計硯越大夫越王將臣於吳群臣送之江瀞王欲聞諸大夫言志計硯曰候天察地紀歷陰陽觀變參災分别妖祥臣之事也越王自吳歸病諸大夫易見而難使計硯年少官卑列坐於後趨而進曰非諸大夫易見而難使君王之不能使也夫官位財幣者君之所輕也履鋒刃抜死者士之所重也今王吝其所輕而責士之所重何其殆哉於是越王默然有慚色進計硯而問所以得士之術計硯告以正身選賢且舉蠡種可與深議越王從之已而欲興師伐吳問於計

硯計硯具言陰陽五行消長之要越王曰何子之年少而長於物也計硯曰有美之士不拘長少越王曰善卒用其計以滅吴越王嘆曰吾之霸矣善計硯之謀也其後王漸疎功臣計硯乃佯狂以自免

苦成越大夫越王入吴諸臣各言其志苦成曰發君之令明君之德窮與俱厄進與俱霸統煩理亂使民知分臣之事也越王既歸亟欲報吴苦成勸王虛心自匿無示謀以觀其釁後越王問戰於諸大夫苦成曰審罰則可戰審罰則士卒望而畏之不敢違命王曰勇哉

曳庸（左傳作后庸 國語作舌庸）越大夫越王將入吳庸勸王委與備守於文種後越王反國問戰於諸大夫庸曰審賞則可戰無功不及有功必加則士卒不怠王曰聖哉

皋如越大夫越王將去國入吳難其守皋如舉文種曰忠而善慮士樂爲用今委國一人其道必守因自言其志曰修德行惠撫慰百姓動輒躬親食不二味國富民實爲君養器臣之事也後越王欲報吳謀於群臣皋如曰昔湯武乘四時之利而制夏殷桓繆據五勝之便而列六國此乘其時而勝者也越王又問戰皋如對以審聲則可戰云

諸稽郢越大夫越王行成於吳使郢將命曲善其辭吳王乃許之越王將入臣令諸大夫言志郢曰望敵設陣飛矢揚兵履腹涉屍貪進不退破敵攻衆威凌百邦臣之事也時有大夫浩者亦進曰君謨臣諫直心不撓始終一分臣之事也其後越王將伐吳浩又言曰今吳君驕臣奢外有侵境之敵内有爭臣之震其可攻矣

[漢]嚴助吳人忌之子也武帝時郡舉賢良對策百餘人帝善助對擢爲中大夫是時征伐四夷朝廷多事帝尚文學唯助見任用建元三年閩越舉兵圍東甌

東甌告急上乃遣助發兵救之未至東甌圍解後三歲閩越復興兵擊南越上將大發兵誅閩越淮南王安上書諫阻上嘉其意令助諭王於是助與王相結而還上大悦助嘗侍燕從容上問助居鄉里時助對曰家貧爲友壻富人所辱上問所欲助曰願爲會稽太守於是拜會稽太守數年不聞問賜書曰制詔會稽太守君厭承明之廬勞侍從之事懷故土出爲郡吏會稽東接於海南近諸越北枕大江間者濶焉久不聞問具以春秋對毋以蘇秦從横助恐上書謝願奉三年計最後坐與淮南王相結竟棄市

朱買臣字翁子吳人也初以嚴助薦爲中大夫會東越叛買臣上言故東越王居保泉山一人守險千人不得上今聞東越王南徙去泉山五百里居大澤中今發兵浮海直指泉山陳舟列兵席卷南行可破滅也上乃拜買臣會稽太守謂曰富貴不歸故鄉如衣繡夜行今子何如買臣頓首謝詔買臣到郡治樓船備糧食水戰具須詔書軍到與俱進初買臣免待詔常從會稽守邸者寄食及拜太守衣故衣懷其印綬步歸郡邸直上計時會稽吏方相與羣飲買臣入室中守邸與共食少見其綬守邸怪之前引其綬視其

即會稽太守章也守邸驚出語上計掾吏皆醉大呼曰妄誕爾其故人素輕買臣者入內視之還走疾呼曰實然坐中驚駭白守丞相推排陳列中庭拜謁有頃長安廐吏乘駟馬車來迎買臣遂乘傳去居官歲餘將兵與韓說等俱擊破東越有功徵入爲主爵都尉是時買臣與嚴助相繼爲會稽太守招東甌事兩越江淮爲之凋弊然變浙東閩廣數十州左衽之鄉爲衣冠之郡則二子之功也

顔駟漢時爲郎武帝至郎署見駟須眉皓白問爲郎幾時對曰臣自文帝時爲郎上曰何久不遷對曰文

帝好文而臣善武景帝好美貌而臣貌醜陛下好年少而臣已老是以終身不遇也上感其言即日擢爲會稽都尉

任延字長孫南陽宛人更始元年爲會稽都尉行太守事時年十九迎官驚其壯及到靜泊無爲唯先遣禮祠延陵季子時天下新定道路未通避亂江南者皆未還中土會稽頗稱多士延皆聘請高行如董子儀嚴子陵等敬待以師友之禮掾史貧者輒分奉給之省諸卒令耕公田以周窮急每行縣輒慰勉孝子就餐飯之吳有龍丘萇者隱居太末志不降辱王莽

時連辟不赴掾史白請召之延曰龍丘先生躬德履
義有原憲伯夷之節都尉酒掃其門猶懼辱焉召之
不可遣功曹奉謁脩書記致醫藥吏使相望於道積
一歲長乃乘輦詣府門願得先死備錄延辭讓再三
遂署議曹祭酒長尋病卒延自臨殯不朝三日是以
郡中賢士大夫爭往官焉建武初延上書乞骸骨徵
拜九真太守九真夷俗延爲不變尋拜武威太守帝
親戒之曰善事上官無失名譽延對曰臣聞忠臣不
私私臣不忠履正奉公臣子之節上下雷同非國之
福善事上官臣不敢奉詔帝歎息曰卿言是也既之

武威威行境內吏息民安祀名宦

黃讜汝南人光武初爲會稽太守辟郡人包咸爲主簿遣子師之任督郵鍾離意治屬縣救災卹患郡內大治

第五倫字伯魚京兆長陵人光武中爲會稽太守躬自斫芻養馬妻執炊爨受奉裁留一月糧餘皆賤貿與貧民會稽俗多淫祀好卜筮民常以牛祭神財產困匱前後郡將莫能禁倫移書屬縣巫祝有依托鬼神詐怖愚民及民有妄屠牛者案論之百姓以安永平五年坐法徵老幼扳車叩馬號呼相隨日裁行數

里倫乃僞止亭舍陰乘船去及詣廷尉吏民上書守闕者千餘人會帝幸廷尉錄囚徒得免歸田里祀名宦

尹興明帝時爲會稽太守歲荒民饑興遣戸曹陸續於都亭賦民饘粥續悉簡閱其民訊以名氏事畢興問所食幾何續口說六百餘人皆分別姓名無有差繆興異之刺史行部見續辟爲別駕從事楚王英謀反陰疏天下善士有興名事覺興與門下掾陸續主簿梁松功曹史駟俱詣廷尉獄赦還田里

慶鴻洛陽人慷慨有義節與廉范爲刎頸交位至會稽太守有異績

張覇字伯饒蜀郡成都人博覽五經永元中舉孝廉爲會稽太守始到越賊未解郡界不寧覇移書開購明用信賞賊遂束手歸附不煩兵力又入海追遺寇値大風士卒皆懼覇曰無恐太守奉法討賊風不爲害須臾風止遺寇皆獲表用郡處士顧奉公孫松等並有名稱其有業行者皆見擢用郡中爭勸習經者以千數道路但聞誦聲民歌曰棄我戟捐我矛盜賊盡吏皆休又曰城上烏鳴哺父母府中諸吏皆孝子視事三年謂掾吏曰太守起自孤生致位此老氏有言知足不辱遂稱病免歸祀名宦

馬稜字伯威扶風茂陵人援族姪也和帝初舉孝廉爲廣陵太守時穀貴民饑奏罷鹽官以利百姓興復陂湖溉田二萬餘頃吏民刻石頌之尋轉會稽太守治盜有聲其後趙牧守會稽與稜並稱

陳重宜春人與鄱陽雷義友世稱雷陳舉孝廉爲同舍郎償錢數萬終不言遷會稽守有異政

馬臻字叔薦永和中爲會稽守創築鏡湖蓄水溉田湖高於田丈餘田又高於海丈餘旱則洩湖灌田潦則閉湖泄田水入海是以雖遇旱潦而無凶年其塘周迴三百一十里溉田九千餘頃民甚賴之然是時

漢祚日衰宦竪專政豪右惡臻乃使人飛章告臻創湖淹沒人塚宅徵臻下廷尉及使人按覆詭稱不見人籍皆是先死亡者所下狀臻竟被誣以死其後越民承湖之利歷千數百年終鮮旱潦之患至今立祠湖上祀之

按舊志云臻創湖之始多淹塚宅有千餘人怨訴臻遂被刑於市及遣使按覆總不見人籍皆是先死亡者審爾則臻既結怨於幽明矣何爲民更思之而廟祀至今耶今從戴志草於理爲近其說本嘉泰志非無稽也覽者察焉

殷丹永嘉中爲會稽守郡有孝婦爲夫妹所誣是殺姑丹至刑訟女祭婦墓天即大雨

劉寵字祖榮東萊牟平人拜會稽太守山民愿朴有白首不入市井者頗爲官吏所擾寵簡除煩苛禁察非法郡中大化徵爲將作匠山陰縣有五六老叟龐眉皓髮自若耶山谷間出人齎百錢以送寵寵勞之曰父老何自苦對曰山谷鄙人未嘗識郡朝他日吏發求民間至夜不絕或狗吠竟夕民不得安自明府下車以來狗不夜吠民不見吏年老遭值聖明今聞當見棄去故自扶奉送寵曰吾政何能及公言邪勤苦父老爲人選一大錢受之累登卿相廉約省素家無餘貲 祀名宦

蔣欽建安中孫策表爲會稽西部都尉治賊呂合秦狼等爲亂欽討擒之

淳于式建安中孫權表爲會稽太守時陸遜既平丹陽賊遂部伍東三郡强者爲兵羸者補戶得精兵數萬人式啓遜擾民及遜見權稱式佳吏曰式意在養民是以白遜

顧雍字元歎吳郡人建安中孫權領會稽太守不之郡以雍爲丞行太守事討除寇賊郡界寧靜吏民歸服

王闓字選公無錫人建武初爲山陰令不交豪傑公

庭閒寂時號王獨坐

度尚字博平山陽湖陸人元嘉初除上虞長爲政嚴明與賢旌善發擿奸非吏民謂之神明擢門下書佐朱儁恒歎述之以爲不凡後儁卒爲名臣由是遠近奇尚有知人之鑑曹娥投江求父屍尚憐而葬之立廟令邯鄲淳作碑尚實八厨中人官至荊州刺史祀名宦

三國

吾粲字孔休吳郡烏程人少時與同郡陸遜齊名初爲山陰令有能聲後爲會稽太守召處士山陰謝譚爲功曹譚以疾辭粲下教曰夫應龍以屈信爲神鳳皇以嘉鳴爲貴何必隱形於天外潛鱗于重淵

者哉在官募民討平山越

滕胤字承嗣北海劇人太元初爲太守毎聽詞訟察言觀色務盡情理

車浚天璽初爲太守在官清忠值歲荒旱表求賑貸孫皓以其欲樹私恩殺之

陸凱字敬風吳郡人丞相遜族子也爲永興諸暨長所在有治迹寳鼎元年拜左丞相時吳主皓居武昌民苦泝流供給凱上疏諭諫還都建業及凱卒皓銜其切直徙其家于建安祀名宦

朱然字義封故鄣人本姓施氏女弟毗陵侯治乞以

爲子遂冑朱氏嘗與孫權同書學結恩愛至權統事以然爲餘姚長城其邑時年十九後遷山陰令然長不滿七尺而氣候分明內行修潔累成戰功終左大司馬右軍師 祀名宦

朱桓字休穆吳人孫權爲將軍桓給事幕府除餘姚長遭歲疫癘穀食荒貴桓分部良吏躬親醫藥饘粥相繼士民感戴遷盪寇校尉終青州牧 祀名宦

呂岱字定公海陵人避亂江南遭孫權統事詣歸之岱屢治應問甚稱權意因召署錄事出補餘姚長寬簡有雅量好賢愛士是時會稽賊呂合秦狼等爲亂

權以岱爲督軍校尉與將軍蔣欽將兵討平之拜昭信忠郎將累封番禺侯

華覈字永元武進人爲上虞尉以文學政事名召入秘府預修國史

晉

紀瞻字思遠丹陽秣陵人愍帝時除會稽内史時有詐作大將軍府符收諸暨令令已受拘瞻覺其詐便破檻出之訊問使者果伏詐妄人稱其明

諸葛恢字道明琅邪陽都人愍帝召爲尚書郎元帝以經綸湏才承制調爲會稽太守臨行帝置酒謂曰今之會稽昔之關中足食足兵在於良守以君有莅

任之方是以相勵慨曰天下喪亂風俗陵遲宜尊五美屏四惡進忠實退浮華帝深納焉太興初以政績第一詔曰會稽內史諸葛恢莅官三年政清人和爲郡首宜進其位班以勸風教今增恢秩中二千石祀名宦

何充字次道廬江灊人成帝時除建威將軍會稽內史在郡甚有德政薦徵士虞喜拔郡人謝奉魏顗等以爲佐吏

王舒字處明琅邪臨沂人導之從弟成帝初爲撫軍將軍會稽內史明年蘇峻反假節都督行揚州刺史事會吳國內史庾冰棄郡奔舒舒率衆與冰俱渡浙

江而顧衆顧颺等並起兵應舒峻兵方交未颺等數却吳興太守虞潭率所部屯烏苞亭不敢進舒遣子允之以精銳三千激賊於武康破之斬首數百級賊遂遁走時臨海新安盜並起應賊舒分兵討平之陶侃上舒監浙東五郡軍事賊平以功封彭澤侯（祀名宦）

王述字懷祖司徒渾之族穆帝時遷會稽內史莅政清肅終日無事子愉亦爲會稽內史

王蘊字叔仁太原晉陽人太原三年爲鎮軍將軍會稽內史都督浙東五郡事蘊素嗜酒在郡畧無醒日然以和簡爲百姓所悅

王彪之爲會稽內史鎮東將軍居郡八年豪右斂跡

沈叔任武康人少有幹質爲山陰令職務靡不舉者後爲益州刺史

江統字應元陳留人襲父爵除山陰令有善政嘗作徙戎論數千言諷朝廷備其萌時不能用

于寶字令升新蔡人有良史才領國史後補山陰令有令名

魏顗字長齊會稽人世稱四族之雋及爲山陰令果以政蹟顯著時益稱服之

王淮之字元曾臨沂人義熙中爲山陰令有能名以

討盧循功封都亭侯

山遐字彥休懷人也爲餘姚令值江左初基于時法禁弛不振豪族多挾藏戶口遐悉繩以峻法有論死者到縣八旬出口萬餘諸豪莫不切齒然遐輒益造縣舍衆遂以此傾遐矣遐已收坐猶上書會稽內史願更留縣百日盡窮治逋逃不許竟坐免官後召爲東陽太守以嚴猛聞

顏含字弘卿琅邪人元帝時令上虞簡而有威明而能斷後遷吳郡太守

周鵬舉字衝天會稽人爲上虞令有惠政遷鴈門太

守及去任全家溺死漁浦湖民追思之祀以爲神

按圖經云鵬舉自鴈門還會稽遊上虞驛亭東有漁浦湖乘白馬沉湖化去其説近妄今用戴志草云

傅晞涇陽人爲上虞令甚著政績卒于官其孫隆因家上虞隆爲會稽征虜參軍博學多通尤精三禮仕終戶部尚書

王鎮之字伯重臨沂人父隨之爲上虞令因家焉鎮之始令剡再令上虞又令山陰並有聲爲桓温録事參軍衛命賑恤三吳糾會稽內史王愉不奉符旨爲貴盛所抑以母老求補安成太守毋憂去職在官清潔妻子無以自返乃棄家致喪還塟上虞服闋爲征

西司馬南平太守後爲御史中丞執政不撓百僚憚之出爲廣州刺史在鎮不受俸祿蕭然無營去官之日不異初至

徐祚之剡人爲上虞令政教修舉士民咸得其所子羨之亦令上虞見王侯傳

王雅字茂達東海剡人爲永興令以幹理著稱雅性好接下敬慎奉公孝武帝深加禮遇官至左僕射

周翼郗鑒之甥少遇饑亂賴鑒得存鑒亡翼爲剡令遂解職歸心喪三年後歷青州刺史少府卿

南北朝　褚淡之字仲原河南陽翟人宋景平二年爲會

稽太守富陽民孫法先聚族謀逆其支黨在永興潛相影響縣令羊恂率吏民拒戰力少退敗賊遂磐據直攻山陰淡之自假凌江將軍以山陰令陸邵領司馬王茂之爲長史孔欣謝苓之並參軍事賊摧鋒而前去郡城二十餘里淡之遣陸邵督水軍行參軍滿恭期將步軍合力禦之而身率所領出次近郊恭期等與賊戰於柯亭大破之祀名宦

羊玄保太山南城人景平間爲會稽太守太祖以玄保廉素寡欲故頻授名郡爲政雖無幹績而去後常見思不營財利處家儉薄

張裕字茂度吳郡人名與武帝同以字稱元嘉中除會稽太守素有吏能在郡縣職事甚理卒謚曰恭子演鏡永辯岱俱知名時人謂之張氏五龍永在宋時爲餘姚令有政績後領會稽太守都督五郡以破薛索兒功封孝昌縣侯

蔡興宗字子度濟陽考城人明帝時遷鎮東將軍會稽太守都督五郡軍事時民物殷阜王公妃主嬖幸近習邸舍相望咸封畧山湖責取利息滋長無窮民甚病之興宗悉裁之以法奏加禁罷及奏蠲諸逋負解遣雜役民困以蘇郡舊有鄉射禮自羊玄保去官

久廢興宗復舉行之禮儀甚整祀名宦

王僧虔曇首之子也太始中爲會稽太守中書舍人阮佃夫請假還東或勸僧虔宜加禮接僧虔曰我立身有素豈能曲意權幸彼若見惡當拂衣去耳

洪現爲會稽太守罷歸廉無資不欲令人知其清乃以船載上而去

沈懷文字思明豫章王子尚鎮會稽遷撫軍長史行府州事時囚繫甚多動經年月懷文到任讞五郡九百二十六獄衆咸稱平

竟陵王蕭子良字雲英武帝第三子也昇平三年爲

會稽太守都督五郡元嘉中皆責成郡縣孝武後徵求急速以郡縣遲緩始遣臺史自此公役勞擾及齊代宋子良請息其弊子良敦義愛古郡人朱百年有至行既卒賜其妻米百斛蠲一人給其薪蘇山陰人孔平訟嫂市米負錢子良歎曰昔高文通與寡嫂訟田義異於此乃賜米錢以償平

蕭曅字宣昭齊高帝第五子也母羅氏從高帝在淮陰以罪誅曅年四歲思慕不異成人每慟吐血高帝勅武帝特保持之高帝雖爲方伯而居處甚貧諸子學書無紙筆曅嘗以指畫空中及畫掌學字遂工篆

法文學詩工長短句建元二年爲會稽太守加都督
上遣儒士劉瓛往郡爲曅講五經曅性輕財重義有
古人風罷會稽還都齊中錢不滿萬俸祿所入皆與
賓僚共之常曰兄作天子何畏弟無錢居止附身所
須而已封武陵昭王

陸慧曉字叔明吳郡人晉太尉玩之玄孫也慧曉清
介正立不雜交游會稽內史同郡張緒稱之曰江東
裴樂也及武陵王曅守會稽上爲精選僚吏以慧曉
爲征虜功曹慧曉歷輔五政立身清肅僚佐以下造
詣必起送之或問慧曉曰長史貴重不宜妄自謙屈

答曰我性惡人無禮不容不以禮處人未嘗慢士大夫或問其故慧曉曰貴人不可輕而賤者乃可輕人生何容立輕重於懷抱終身常呼人位三子僚任便並有美名時人謂之三陸

一統志慧下落曉字蓋寫刻之誤又以慧曉爲會稽內史則讀史之誤今並正之

顧凱之字偉仁吳郡人今山陰山陰素號繁劇前後令事事維綿罔休息事猶病不舉凱之理繁以約縣曹無事晝日垂簾晏如也自宋世爲山陰者務簡績修吏治握體要必稱凱之孝建元年爲義陽王景東中郎長史行會稽郡事大明初爲吳郡太守幸臣戴

法興權傾人主凱之未嘗降意蔡興宗與凱之善嫌其風節過峻凱之曰辛毗有云孫劉不過使吾不爲三公耳泰始初普天叛逆莫或自免惟凱之心迹清全太宗嘉之復以爲左將軍吳郡太守子綽私財甚豐鄉人多負其責凱之每禁之不從及爲吳郡誘綽曰民間與汝交關有幾許不盡爲汝督之綽喜出諸券與凱之凱之悉焚燒宣語負三郎責皆不須還券燒之矣嘗言秉命有定非智力所可移妄求僥倖徒虧雅道云卒謚簡　其孫憲之亦號清直齊高帝時爲東中郎長史行會稽郡事郡人吕文度有寵於武

帝於餘姚立邸頗縱橫憲之至郡即表除之文度後還喪母郡縣爭赴弔憲之不與相聞文度深銜之然卒不能傷也遷南中郎巴陵王長史

蕭祇字敬式梁普通中爲東揚州刺史于時江左承平政寬人慢祇獨莅以嚴切武帝悦之遷北兗州刺史

庾華字休野新野人梁高祖平京邑爲輔國長史會稽郡丞行郡府事時承彫弊之後百姓凶荒所在穀貴米至數千民多流散華撫循甚有治理唯守公禄清節逾厲天監元年卒無以殮柩不能歸高祖聞之

賜絹百匹米五千斛

江革字休暎濟陽考城人少孤貧力學有節槩武陵王紀在東州頗驕縱上除革長史會稽郡丞行太守事革門生故吏家多在東聞革至並齎持緣道迎候革悉拒不受在官惟資公俸食不兼味郡境殷廣詞訟日數百革判決如流吏民畏懷琅琊王騫爲山陰令贓貨狼籍望風自解去每侍王讌言論必以詩書王敬憚之因更耽學好文徵拜都官尚書不納贈遺所乘舟輕易蕩江行不得安臥乃取西興岸石十餘片以實之其清如此

蕭濟字孝康蘭陵人好學博通經史陳文帝守會稽以濟爲長史官民賴之帝即位授侍中

張岱字景山裕之子宋時爲司徒左曹掾母年八十岱便去官還養有司以岱違制將欲糾舉宋孝武曰觀過可以知仁不須按也累遷山陰令職事閑理齊武帝即位復爲吳興太守岱晚節在吳興更以寬恕著名或謂岱曰公每能緝和公私何以致此岱曰古人言一心可以事百君我爲政寬平待物以禮悔吝之事無由而及

徐豁字萬同東莞姑幕人永嘉初爲尚書左丞山陰

令精練法理爲時所推元嘉初爲始興太守表陳三事文帝嘉之賜絹二百疋穀千斛徙廣州刺史

傅僧祐北地靈州人有吏才兩爲山陰令以異政著稱　子琰字季珪泰始中亦爲山陰令尤號明察以功最賜新亭侯遷尚書左丞及齊太祖輔政以山陰獄訟煩積復以琰爲令有賣針賣糖二姥爭團飾詣琰琰縛飾於柱鞭之密視有鐵屑乃罰賣糖者又二野父爭雞琰各問所飼一人云豆一人云粟破雞得粟罪言豆者縣內稱其神明後爲廬陵王長史南郡內史行荆州事　琰子翽復爲邑令孫廡嘗請曰聞

丈人發姦擿伏如神何以至此翻曰惟勤與清爾清則法無不行勤則事無不理傅氏三世宦山陰並著奇績世傳其家有治縣譜云

江秉之字玄叔考城人山陰民戶三萬訟者日數百人秉之御煩以簡常得無事歷遷新安臨海太守並以簡約見稱在任嘗作一書案去官日留付庫中其介如此

沈憲武康人少有幹局歷烏程令齊太祖以山陰戶衆難治欲分為二世祖啓曰縣豈不可治顧用不得人爾乃以憲爲山陰令治聲大振孔稚珪請假東歸

謂人曰沈令斷事特有天才後爲散騎常侍　孫浚

在梁時亦爲山陰令以治行聞遷御史中丞

王沉字彦流東海人爲山陰令遷長沙太守居官以廉慎著稱久歷仕宦橐無餘貲死無以殮吏爲營棺而歸

劉玄明臨淮人爲山陰令治行爲當時第一及去傳琰子翽代之問玄明曰願以舊政告新令何如玄明曰我有奇術卿家譜所不載臨别當以告卿既而曰作縣令惟日食一升米而勿飲酒此第一策也

王詢永泰初爲山陰令會稽太守王敬則將舉兵反

召詢問發縣丁可得幾人府庫物錢有幾詢曰縣丁卒不可得府庫物多未輸入敬則怒斬之乃起兵過浙江

丘仲孚字公信烏程人靈鞠從孫少好學靈鞠稱爲千里駒齊永明中充國子生王儉曰東南之美復見丘生王敬則反拒守有功遷山陰令有聲百姓謡曰二傅沈劉不如一丘尤長於治劇適權變號稱神明遷豫章內史撰皇輿二十卷南宮故事一百卷又尚書具事雜儀若干卷湖州志入文苑傳

謝岐山陰人爲尚書金部郎令山陰侯景亂岐寓東

陽景平依張彪彪在吳郡及會稽庶事一以委之

褚玠字温理陳大建中爲中書侍郎時山陰多豪猾前後令皆以汙免宣帝患之以玠廉幹遂用爲令縣人王休達輩賄賂通姦隱没丁户玠乃收休達具狀啓臺宣帝手勑慰勞遣使助玠括出軍人八百餘户時曹義達爲宣帝所寵縣人有諂事義達憑其勢暴横者玠執鞭之吏民股栗莫敢犯

劉杳字士深平原人梁時令餘姚門無私謁以清絜著稱湘東王繹發檄褒美之大通元年爲步兵校尉兼東宮通事舍人昭明太子謂曰酒非卿所好而爲

酒府之職政爲卿不愧古人耳累遷尚書左丞李杳清儉無所嗜好自居母憂便長斷腥羶持齋蔬食臨終遺命歛以法服載以露車還葬舊墓其子遵行之撰要雅五卷楚辭草木疏一卷高士傳三卷東宮新舊記三十卷古今四部書目五卷文集十五卷並行于世　祀名宦

沈瑀字伯瑜武康人初爲建德改令餘姚姚大姓虞氏千餘家日請謁縣官如市又縣南蒙族數百家子弟縱横相引庇爲患瑀下令日敢私謁者繩以法大姓猶玩習縣官令如戲輒謁瑀瑀執之以法召縣南

老豪爲石頭倉監少者補縣傭皆失勢踣號又按縣吏敢貴倨僭服用者諸豪多怨恨瑀然瑀潔廉自保以故無敗先是山陰呂文度有寵於齊武帝治邸餘姚殊横吳人顧憲之臨郡表除之餘姚諸大豪吏此兩人鷹擊毛摯爲治皆屏息重足然細民頗安枕矣

祀名宦

卞延之濟陰宛句人弱冠爲上虞令有剛氣會稽太守孟凱以官長凌之延之積不能容脱幘投地曰我所以屈卿者正爲此幘耳今已投之卿矣卿以一世勳門而傲天下國士耶拂衣而去　子彬字士蔚齊

建武中爲諸暨令俊拔有才長于詞賦然飲酒自放仕故不達云

周洽汝南人齊時歷上虞令廉約無私卒于都水使者

蕭昕素性靜退少嗜欲好學能詩梁時由中書侍郎來爲諸暨令到縣浹旬即掛冠去

裴子野字幾原河東聞喜人少好學善屬文天監中爲諸暨令不行鞭罰民有爭者示之以禮皆感悅而去歲餘合境無訟初子野曾祖松之在宋元嘉中修何承天宋史未成而卒子野更撰宋略二十卷其叙

事評論多會武帝以爲著作郎脩國史子野久在禁省默靜自守及歸茅屋數間妻子恒苦饑寒人以師道推之

周顒字彦倫汝南安城人長於佛理兼善老易嘗隱鍾山元徽中爲剡令有恩惠百姓思之累官國子博士復欲歸隱孔稚圭作北山移文嘲之然稚圭亦不能隱也

張稷字公喬吳人幼有至性生母劉遘疾時年十一侍疾終夜不寢及終哀毀瘠立父及嫡母繼沒結廬墓側六年州里謂之純孝永明中爲剡令會山賊唐

寓之作亂率衆拒之保全縣境俸祿皆須親故家無羸財　祀名宦

隋　慕容三藏燕人也父紹宗齊尚書左僕射東南道大行臺三藏幼聰敏多武畧頗有文風開皇元年授吳州刺史百姓愛悅

唐　麗王京兆涇陽人仕隋爲監門直閤唐秦王東徇洛王率萬騎降高祖以隋舊臣禮之王魁梧有力明軍法久宿衛習知朝廷制度故授王領軍武衛二大將軍使衆觀以爲模㨾從秦王征伐擒薛仁杲平隴西尋爲梁州總管巴山獠叛悉討平之徙越州都督

威望甚著盜不敢入境召爲監門大將軍太宗以耆厚令主東宮兵雖老不怠卒贈幽州都督工部尚書越人思其遺澤祀爲城隍之神詳祠祀志

闞稜齊州章丘人武德四年六月自左領軍將軍從越州總管輔公祏反稜討之與賊將陳正通遇稜免冑示賊曰我闞稜也爾何敢戰賊皆奪氣有望拜者稜遂奮擊破之

李大亮涇陽人有文武才畧高祖入關大亮自歸授上門令方歲饑境多盜大亮招撫流離勸墾田業間出擊盜所至輒平武德七年爲越州都督在州寫書

數百卷及遷交州刺史委之觧宇而去尋都督涼州太宗賜荀悅漢紀曰悅議論深博極爲政之體公宜繹味之

竇懷貞嗣聖中自尚方監出爲刺史以廉幹著稱

姚崇字元之陝州硤石人睿宗時爲中書令玄宗在東宮太平公主干政宋王成器等分典禁兵崇與宋璟建言請主就東都出諸王爲刺史以一人心主怒太子懼上疏以崇等甚間王室貶申州刺史移徐潞二州遷越州爲治簡肅所至人德其惠政後入輔玄宗爲開元賢相　祀名宦

韓滉字太冲京兆人宰相休之子也以蔭補官性強直明吏事貞元初爲浙東西觀察使綏緝百姓均租調不踰年境内稱治李希烈陷汴州滉遣王栖耀等破走之漕路無梗完靖東南滉功居多

皇甫政貞元三年爲浙東觀察使在鎮十年多惠蹟修治水利開鑿玉山朱儲二斗門以時蓄洩民甚德之

裴肅孟州濟源人貞元中爲浙東觀察使盜栗鍠誘山越爲亂陷没州縣肅引兵討平之

楊於陵字達夫漢太尉震之裔擢進士第節度使韓

滉奇於陵以女妻之滉居宰相於陵不肯調退廬建昌以書史自娛樂滉卒乃入爲膳部員外郎德宗雅聞其名拜中書舍人遷浙東觀察使越人饑請出米三十萬石贍貧民政聲流聞入拜京兆尹終尚書左僕射於陵器量方峻進止有常度節操堅明始終不失其正時人尊仰之　祀名宦

薛苹河中寶鼎人元和二年自湖南觀察使移浙東在任四年以治行遷浙西加御史大夫居官守法度務在安人治身儉薄一緑袍衣十年至換緋乃易更歷重鎮聲樂不聞于家

李遜字友道元和中自衢州刺史以政最擢浙東觀察使當貞元初福建軍亂前觀察使奏益兵三千屯于境以折閩衝遂爲長戍遜署事即停之爲政扶弱抑强境内稱理

孟簡字幾道德州平昌人元和中爲浙東觀察使於山陰縣北開新河又於縣西北開運道塘民甚稱便其後陸亘繼之又置新逕斗門亘字景山吳人也明察嚴重以善政稱

薛戎字元夫河中寶鼎人元和十二年拜越州刺史兼浙東觀察使先是觀察使令所部州民有犯酒禁

及橋未黄而先鬻者罪皆死戎至悉除去煩苛儉出薄入以致和富四境之內竟歲無一事後以疾去卒於途韓昌黎爲誌其墓

元稹字微之河南人長慶三年爲浙東觀察使明州歲貢蚶役郵子萬人不勝其疲稹奏罷之辟諸文士爲幕職與副使竇鞏等爲秦望鏡湖遊月至三四焉相與倡酬爲詩動盈卷帙後人謂之蘭亭絶唱

王式太原人大中十四年觀察浙東剿賊裘甫亂明越觀察使鄭祇德不能討選式往代式以受知宰相夏侯孜奏求無不從遂得擒甫斬之加檢校右散騎

常侍餘姚民徐澤專魚鹽之利慈谿民陳瑊冒名仕至縣令皆豪縱州不能制式曰甫竊發不足畏若澤瑊乃巨猾也窮治其姦皆搒死遠近勸動以功進檢校工部尚書徙武寧軍節度使所至有威畧惠政其後郛鼉復爲浙東觀察使人皆舞蹈迎之　祀名宦

黄碣閩人初爲閩小將喜學問志向軒然同列有假其筆者碣怒曰是筆他日斷大事不可假治婺州有政績董昌爲威勝軍節度使表碣自副及昌反碣諫曰大王投田畝位將相乃自尊大誅滅無種矣昌令曳出斬之以首至昌詬曰賊負我三公不肯爲而求

死耶抵溷中夷其家百口坎鏡湖之南同瘞馬昌誅

詔贈司徒

張遜乾寧初爲山陰令董昌反自號大越羅平國改元順天署置百官召遜知御史臺遜固辭曰王自棄爲天下笑且六州勢不助逆王據孤州秖速死爾昌怒曰遜不知天意以邪説拒我囚之宅日謂人曰我縱無遜何乏于事乃殺之

李俊之開元中爲會稽令縣東北有防海塘自上虞江抵山陰百餘里以瀦水溉田俊之增修焉民賴其利其後令李左次又增修之 祀名宦

吳鍊乾寧初爲會稽令董昌反召鍊問策鍊曰眞諸侯遺榮子孫顧不爲乃爲假天子自取滅亡邪昌怒叱出斬之并族其家

崔協博陵人大中元年以戶曹攝上虞値歲大旱民賦無所出協請蠲於上不許遂傾家貲代輸之及卒邑人立廟祀之至今縣西六里有崔公祠祀名宦

金堯恭寶曆中令上虞堯恭於縣西北置任嶼湖與梨湖灌田二百餘頃興利除害民甚德之

郭密之天寶中令諸暨建義津橋築放生湖漑田二千餘頃民便之

宋 喻樗字子才其先南昌人後徙嚴州少從楊時游深入閫奧舉進士累官工部郎中當紹興間力主正論爲時師表孝宗初擢爲浙東提舉以治績聞所著有易義及四書性理窟行于世

程大昌字泰之休寧人紹興中進士著十論言當世事獻之朝有聲於時乾道中爲浙東提刑會歲豐酒稅踰額有挾朝命請增額者大昌力拒之曰大昌寧罪去酒額不可增也

朱熹字元晦婺源人淳熙中浙東大饑朝命熹提舉浙東常平茶鹽公事始受職即移書他郡募米商蠲

其征及至則客舟之米已輻輳於是鈎訪民隱按行境内單車屏徒從所至人不及知郡縣官吏憚其風采有自引去者所部肅然凡丁錢和買役法榷酤諸弊政有不便於民者悉釐革之隨事區畫必爲長久計又令諸縣各立社倉每年斂散每石取息二斗凶歲則蠲其息越民賴之會劾奏台州守唐仲友與宰相王淮忤遂乞奉祠去　祀名宦

曹豳字西士溫州人嘉泰中進士端平初爲浙東提刑寒食放囚歸祀其先囚感泣悉如期而至召拜左司諫與王萬郭磊卿徐清叟並負直聲時號嘉熙四

諫

徐鹿卿字德夫豐城人嘉定中進士調南安軍教授嘗應詔上封事真德秀稱其氣平論正歷江東轉運判官歲大饑人相食鹿卿設法賑救全活甚衆隨移浙東提刑兼提舉常平鹿卿請罷浮監經界𪌭地先撤相家所築就捕者自言我相府人鹿卿曰行法必自貴近始卒論如法丞相史彌遠之弟通判溫州利韓世忠家寶玩籍之鹿卿奏削其官終華文閣待制卒謚清正

黄震字東發慈谿人中進士通判廣德軍時社倉大

弊衆以始自朱熹不敢議震曰法出於聖人猶有變通况先儒乎爲别買田六百畝以其租代社倉息尋通判紹興有獲海寇功累遷浙東提舉未明視事事至立決能撫安饑民禁戢奸盜福王與芮判紹興詔震兼長史震辭曰朝廷之制尊卑不同而紀綱不可紊雖藩王位尊監司得言其失今爲其屬豈敢察其過乎遂不拜長史先是楊簡倡陸學士皆翕然宗之震獨力興朱學每閱經史輒疏其精要名曰日抄行世云祀名宦　以上皆統轄

任布字應之河南人進士及第歷知宿州越州守闕

寇準曰越州有職分田歲入且厚非廉士莫可予乃徙布越州至郡以純約自守其子遜因貧上書詆布御史魚周詢乃引遜語劾之人謂詢亦遜類云

蘇壽武功人祥符初以大理丞出知蕭山明剛柔審利害人稱其治天聖九年復知越州摧強照𡚁曾未期月威聲大振

蔣堂字希魯宜興人景祐中知越州前守建言鑑湖寖廢聽民自便多爲豪右所侵堂奏復之累遷左司郎中以尚書禮部侍郎致仕祀名宦

范仲淹字希文蘇州人初知杭州賑饑民爲術甚備

後以吏部郎知越州有惠政嘗作清白堂記以見意既去越人祠祀之至今郡中有泉曰清白有亭曰希范郡前有坊曰百代師表蓋久而不忘如此祀名宦

王逵濮陽人皇祐初知越州濬治城隍布宣政令志有執持果於興革大爲曽鞏所推服西園有池名曰王公蓋越人致其思云

張友直字益之陰城人士遜子也嘉祐初知越州越俗以春斂財作僧道大會士女駢集友直下令禁止即取所斂財建學以延諸生

沈遘錢唐人仁宗朝進士歷知越州爲人疎儁博達

明于吏治鼎建黌宫崇奬儒道官至翰林學士

趙抃字閱道衢州人熈寧中知越州兩浙旱蝗米價湧貴諸州皆禁增米價抃獨榜衢路令有米者任其照時增價糶賣於是諸州米商競集米價更賤於他州初百姓饑疫死者過半抃曲盡救荒之術療病者瘞死者復下令修城使民得食其力越人得免於饑語具曾鞏越州救菑記中後參知政事求去位乃出知杭州抃長厚清修因俗施政寬猛不同要以惠利爲本云 祀名宦

程師孟字公闢蘇州人起進士知錢唐有聲後爲集

賢修撰賀契丹生辰至涿州契丹命席迎者正南向涿州官西向宋使价東向師孟曰是卑我也不就列自日昃爭至暮從者失色師孟辭氣益厲叱儐者易之歸攺判將作監知越州爲政寬猛適宜訟者非死罪不繫獄然發摘奸伏如神得豪猾必痛懲之至劓絕乃已所部肅然越人皆愛戴焉終光祿大夫祀名宦

鄭穆字閎中侯官人元豐中知越州先是鑑湖旱乾民因田其中官籍而稅之既而連年水溢民逋官租積萬緡穆奏免之

豐稷字相之鄞人神宗朝自穀城令拜御史遷右司

諫糾正奸回不避貴倖徽宗初召爲御史中丞劾蔡京奸狀又論曾布不宜入相諸權奸交銜之竟以樞密直學士知越州尋坐貶卒葬會稽建炎中追復學士諡清敏子孫有家上虞者

劉韐字仲偃崇安人宣和初知越州時民侵耕鑑湖輸官租歲二萬斛久而湖盡涸爲田租衍至六有司督責甚嚴多逃去復勒隣戶代償韐至奏蠲之方臘反于青溪將攻越越人大震或具舟請韐出避韐曰吾爲郡守當與城存亡去將安之乃築城爲守備令民富者出財壯者出力士民皆奮賊至破之靖康二

年齡死事於汴喪還過浙越人感其遺惠相與哭弔於道祀名宦

翟汝文字公巽丹陽人靖康初以顯謨閣學士知越州兼浙東安撫使奏減越州和買絹五萬疋民甚德之建炎二年杭州卒陳通叛新昌民盛端才謀率衆應之汝文捕斬端才引兵討通郡境以安紹興初召爲參知政事先是汝文在密奏檜爲郡文學汝文薦其才故檜引用之然汝文性剛不屈與檜相詬至目檜爲濁氣卒爲檜所傾罷歸祀名宦

張守字子固常州人以資政殿學士知紹興會朝廷

遣使括財賦所至立威韓球在會稽所斂五十餘萬緡守入覲爲上言之詔追罷諸路使者秦檜怒其損國嘆曰彼謂損國乃益國也卒謚文靖 祀名宦

朱勝非字藏一蔡州人上舍登第繼張守知紹興奏減和買絹充紹前美崇祀先賢大彰風敎呂頤浩引勝非代爲都督給事中胡安國劾之乃罷命仍知紹興郡治有賢牧堂初祀范仲淹後乃以趙抃趙鼎張守翟汝文及勝非配焉

王綯字唐公吳人紹興中以參知政事出守越爲人剛正無所阿附每以祿不及親爲恨終身自奉甚薄

不置第宅著論語解孝經解各若干卷内外制四十
卷寓崑山薦福寺蕭然一室無異寒儒卒謚文恭
綦崇禮紹興中知府劉豫導金人入寇揚楚震擾崇
禮繕城厲兵簡舟艦以扼海道夙夜殫心食寢俱廢
祀名宦
趙鼎字元鎮聞喜人初以尚書右僕射兼知樞密院
金人入寇鼎贊上親征果大破金人於大儀鎮張浚
久廢鼎薦浚可大任乃召知樞密院浚與鼎睽異鼎
求去出知紹興恤吏愛民不以故相自奉未幾復相
秦檜主和議與鼎不合竟謫鼎潮州安置遂卒於潮

孝宗朝追謚忠簡 祀名宦

王師心紹興末知府時欲遷祐陵二十里内士民故塚師心固爭乃止獲免者七百餘家又薦獻之物舊取於民師心請以上供錢給直民甚德之

吳芾字明可僊居人初爲秘書正字與秦檜不合出判處婺越三郡皆有善政隆興間知紹興會稽賦重而折色尤甚芾以陵寢所在奏免會稽支移折變時鑑湖久廢會歲饑出常平米募饑民浚治之嘗曰視官物當如已物官事當如私事與其得罪百姓寧得罪上官 祀名宦

史浩字直翁鄞人初尉餘姚好修禮教捐俸構地作射圃引諸生習射其中封表嚴光墓道建祠祀之乾道四年知紹興復以私帑置義田給郡中賢士大夫之後貧無以喪葬嫁娶者其後郡守咸繼之山陰會稽餘姚三縣湖田二千七百餘畝地三十六畝山一百十六畝官至右丞相封會稽郡王加封越王

李彥穎字秀叔德清人舉進士爲簿丞歷知紹興勤約有惠政人皆德之彥穎自奉澹泊與州縣了不相聞累官觀文殿學士

王希呂字仲行宿州人避亂徙合肥用祖父蔭補官

建炎間扈蹕南渡僑寓嘉興以事忤秦檜去迨孝宗朝召試登乾道五年進士除右正言疏斥佞臣張説出知廬州淳熈八年以龍圖閣學士知紹興府百廢具興敬禮賢士時紹興和買絹最爲民病雖屢經裁減額數尤多希呂復奏減六萬七千疋太守洪邁繼而行之由是越民始安仕終吏部尚書端明殿學士晚移家會稽貧不能廬寓僧舍孝宗聞之賜地一區錢六百萬緡令有司造第於越之東隅子孫世居於此即今所稱後衙池也　祀名宦

丘崈字宗卿江陰人第進士乾道間知秀州築堤捍

海爲蘇湖秀三州無疆之利政知紹興威名益著累官同知樞密院事謚文定祀名宦

張杓廣漢綿竹人魏公浚仲子也淳熙中知臨安府撫良戢奸恩威並著後改知紹興政如臨安其後子孫有家會稽者

洪邁字景盧鄱陽人皓季子也中博學宏詞科紹興末充翰林學士使金拘留使館後得還孝宗朝知紹興奏言新政以十漸爲戒上曰浙東民困於和買卿爲朕正之邁曰願盡力至郡覈盡絕戶四萬八千三百有奇減絹以疋計者如其數祀名宦

王信字誠之麗水人初知湖州據案剖折敏如流泉
擢集英殿修撰知紹興府兼浙東安撫使奏免逋官
錢十四萬緡七萬疋綿十萬五千兩米二十萬斛山
陰境有狹猱湖四環皆田歲苦潦信創啓斗門導停
瀦注之海築十一壩化匯浸爲上腴民繪像以祀更
其名曰王公湖又築漁浦隄禁民不舉子買學田立
義塚衆職修理尋以通議大夫致仕　祀名宦

趙不流趙汝騰趙不迹並以宗室先後知紹興府皆
能以廉慎持身恪勤共職治聲四聞

沈作賓字賓王歸安人初判紹興太守丘崈待僚吏

甚嚴作簀從容裨贊每以寬和濟之慶元中遷爲守是時韓侂胄用事其族居越犯酒禁作簀逮捕于獄而竄其奴請減屬邑和買及歲修攢宫錢民感其惠

祀名宦

袁說友建安人李大性端州人嘉泰間相繼爲守並有善政會稽郡志之成實前守趙不迹及說友始終之而大性傳家舊學宅心仁厚修舉社倉法廣營義塚尤爲越人所思

黄由字子由長洲人淳熈中進士第一通判紹興督行荒政于新嵊攺糴爲賑擅發米五萬石予民不取

直嘉定初以正議大夫知紹興府聞嵊有虎患訛言虎有神變化叵測或爲僧或爲猨狙倐忽莫可踪跡由禱於神募人捕之殄滅無遺民賴以安官至刑部尚書兼直學士院贈少師

留恭字伯禮永春人丞相正次子初官浙西值大饑單力賑恤全活甚衆後知紹興時稱循吏初正亦知紹興人謂父子濟美云

趙彦倓宗室子也嘉定中知紹興時楮價輕彦倓權以法民便之復鹿鳴禮置興賢莊以資其費築捍海石城亦置莊以備修築會旱饑民聚湖峽中彦倓取

死囚暴首刖足以狥遂散其黨乃策民高下損其稅有差免其輸湖籍田米舉緡錢四十萬以賑貧乏之民賴以濟

汪綱字仲舉黟縣人初知暨蕭二邑歷浙東提刑並有異政改知紹興兼安撫浙東訪求民瘼罷行之疏浚蕭山運河三十里創碑江口以止漲沙甃石通途凡十里中爲施水亭往來稱便諸暨十六鄉瀕湖諸鄉賴以灌溉勢家多侵湖爲田水壅不得去雨稍多輒氾溢歲爲諸鄉害綱奏奪侵者不狥請託湖始復舊備緡錢三萬歲爲築塘費塘始末固郡臨海道密

邇都畿軍伍單弱乃招水軍刺叉手專教習之不令他役創營千餘間增繕甲兵緩急始有備寶慶初大水發粟三萬餘石緡錢五萬賑之蠲租六萬有奇捐瘠始蘇舊有經總制稅名四十二萬其中二十五萬則紹興以來虛額也前後帥懼負殿以修奉攢宮之資僞增馬綱謂負殿之責小罔上之罪大摭其實以聞詔免九萬五千緡宿弊始革紹定元年召赴行在帝曰聞卿治行甚美越民何如對曰去歲水潦諸暨爲甚今歲幸中熟十年之間千里晏起皆朝廷威德所及臣何力之有尋以戶部侍郎致仕病卒越人聞

之相率而哭綱在越佩四印文書山積而能操約御詳治事不過二十刻公庭如水早官下吏一言中理慨然從之祀名宦

魏了翁字華甫邛州人嘉熙初以資政殿學士知紹興初了翁與真德秀同召爲翰林學士在朝凡上二十餘疏皆當時急務乃卒爲忌者所排擯出知潭州後改紹到郡未幾而卒越人哀之謚文靖祀名宦

季鏞字伯韶龍泉人以父衍恩補將仕郎歷官有聲擢知紹興府爲福王所敬篤實縝密愛民利國交際中禮舉事中節嘗薦何基士譽翕然歸之

包恢字宏父建昌人知紹興府所至有治聲奏疏剴切經筵講論懇至理宗每欣納焉度宗比之二程侍父疾滌除之役不命僮僕卒時有光隕地謚文肅

吴潛字毅夫寧國人舉嘉定進士第一人爲人忠亮剛直立朝屢有論列不顧忌諱淳祐中知紹興有政蹟召拜參知政事左丞相後爲賈似道所擠安置循州而卒死之夕風雷大作撰遺表作詩頌端坐而逝

祀名宦

常楙字長孺臨邛人第進士歷知紹興兼安撫浙東郡值水災捐萬楮賑之復請糴于朝得米萬石蠲青

苗三萬八千諸暨被水尤甚別給二萬楮付縣折運民不乏食各祀於其家山陰會稽死者暴露皆造棺歛之召爲刑部侍郎平反僞獄全活甚衆　祀名宦

張遠猷字辰卿綿竹人咸淳中知府事蠲濫節冗輿皁不擾於鄉運道淤塞嗣汪守之蹟疏浚西北河流七十餘里與禮學校作思明堂於府治後朔望考校月給芻米以助貧士城外遺骼時加歛埋越人德之因留家焉有屋數楹僅蔽風雨

胡向清江人皇祐進士倅越州奏課爲天下第一後官大理卿決獄仁恕爲時所稱

張詵字樞言浦城人第進士判越民苦衙前役詵料別人戶籍其當役者以差入錢雇人充之民皆稱便詵性孝友廉於財平生不置田產歷浙西轉運副使神宗召對稱之曰卿與蔡挺毎有論請令人了然累遷龍圖閣直學士

曾鞏字子固南豐人元豐中判越舊取酒務錢給募牙前不足則賦諸鄉戶期七年止期盡募者利於多入責賦如初鞏亟罷之歲饑度常平不足贍而田野之民不能盡至城邑乃諭富人使實粟十五萬石視常平價稍增予民民得不出田里而受粟又貸之種

糧使隨秋税以償民食其惠茟政事過人所至務去民疾苦文章與歐陽脩齊名世稱南豐先生云祀名宦

陳瓘字瑩中南劒州人爲人剛正忠直嘗受業於楊時元祐中簽書越州判官太守蔡卞知其賢每事加禮而瓘測知其心術常欲遠之屢引疾求去章不得上檄攝判明州明州職田之入甚厚瓘一無所取盡委之官而歸祀名宦

汪應辰字聖錫玉山人年十八登紹興五年廷試第一授紹興簽判太守趙鼎委以郡務歲旱禱諸名山而雨民喜曰此相公雨鼎曰不然乃狀元雨也應辰

始從呂居仁胡安國游張栻呂祖謙深器許之及在朝力排和議與秦檜忤遂請祠歸益以修身講學爲事浩然之氣終身不屈趙鼎貶死朱崖特爲文祭之衢守章傑希檜意指應辰爲阿附死黨檜欲中以奇禍會檜死得免仕終端明殿學士

王十朋字龜齡樂清人紹興中廷試第一除紹興僉判既至人以書生易之十朋摘伏如神奸吏奪氣屬邑令來謁十朋置酒勉以詩云今日黄堂一樽酒殷勤應爲庶民斟時以四科求士太守王師心謂十朋身兼四者獨以應詔召爲秘書郎論薦張浚後浚敗

致仕卒謚忠文　祀名宦

王介字元石金華人紹熙初進士授昭慶軍判官寧宗立韓侂胄出入禁中文墨議論之士陰附之以希進介力攻其非坐是出判紹興諫官姚愈希侂胄旨劾介與袁燮皆僞學之黨或勸其自明介曰吾髮已種種豈爲狐鼠輩所使邪會不雨乞策免宰相史彌遠出知外府卒謚忠簡

葛邲字楚輔吳興人慶元初以觀文殿大學士出判紹興簡稽期會克勤其職卽錢穀刑獄必親或謂大臣均佚有體邲曰崇大體而畧細務吾不爲也

楊簡字敬仲慈谿人師事陸九淵洞徹精微學者稱爲慈湖先生乾道中爲紹興司獄毋臨犴狴必端默以聽務得其情紹興陪都臺府鼎立簡公明無頗惟理之從帥嘗怒一屬吏令簡鞫之鞫平啓其帥曰吏過詎能免今日實無罪必摘往事置之法簡所不敢帥大怒簡取告身納之爭愈力朱熹爲常平使者首薦之乃改知嵊未莅任而嵊人重其人至今祀名宦焉

孫蘩字叔靜錢塘人爲越州司法參軍太守趙抃器之薦知偃師縣

王唐珪字廷玉松陽人幼有大志以粟千石濟饑淳祐元年進士授紹興法曹攝監察御史上言守令不職由宰相姦邪史彌遠怒罷之

楊參越州錄事時郡多盜太守督責保長甚嚴一日有盜入民家其主拒而執之以送保長保長素苦盜以木杖擊死之守更坐保長以殺人罪獄既具遣參案狀得實平反保長得免死越人頌之

沈公調宣和間州士曹椽方臘亂太守劉韐募民得賊首一級賞錢二萬公調諫曰若是必有殺平民以希賞者不如令生擒而倍其賞韐然其言自是民或

俘賊來獻必命公調覈之但誅其附賊者餘皆末減所活千百人　以上皆郡職

陳舜俞嘉興人寓居湖州慶曆中舉制科第一熙寧初以屯田員外郎知山陰青苗法行舜俞不奉令上疏自劾因極陳青苗之弊竟坐貶監南康軍鹽酒稅而卒士大夫咸深悲之

曾公亮字明仲晉江人英宗時舉進士知會稽聽訟明決吏莫敢欺鑑湖水溢爲民田病公亮立斗門泄水入曹娥江田始獲利後歷相三朝封魯國公謚宣靖初公亮嫉韓琦乃薦王安石以間之及同輔政一

切更張公亮心知不可而唯唯順從世以此少之官

韓球建炎中令會稽政事修明民倚爲重時朝廷遣三使者括諸路財賦球處置有方歛錢五十餘萬緡以俟既而白諸太守張守守即求入覲爲上言之得寢事具守傳中

徐次鐸東陽人慶元中尉會稽蕭明公謹政事修舉鑑湖漸廢屢請復之弗得乃曲爲營處民獲其利所著復鑑湖書在水利志中

趙與權字悅道燕懿王八世孫嘉定中進士知安吉州調會稽尉善政敷洽歷官端明殿學士三爲府尹

盡力民事都人稱趙端明必以手加額與懽愛君憂國本諸天性拜少傅卒遺表猶不忘規正嘗謂士大夫有貪聲則雖背才與學徒以蠹國害民爾故其卒歛之夕金帶猶質錢民家云

杜守一景德二年以大理丞出知蕭山有德政縣東五里山常多虎守一爲令之二年虎負子渡浙江去邑人異之名其山曰去虎

楊時字中立南劍州人熙寧九年舉進士是時二程講明聖學時調官不赴以師禮見顥於潁昌其歸也顥目送之曰吾道南矣後從師頤於洛辨論西銘聞

理一分殊之説始豁然無疑時年葢四十矣乃杜門不出者十年政和初爲蕭山令經理庶務裁决如流以邑民歲苦旱開築湘湖灌溉九鄉民賴其利四方之士聞時名不遠千里來從遊稱曰龜山先生時浮湛州縣四十七年晚居諫省僅九十日以龍圖閣直學士致仕卒年八十三謚文靖 祀名宦

顧冲錢塘人淳熙中知蕭山到任適歲旱湘湖水利不均民爭不已冲乃度地勢高下放泄後先勒定時刻約束甚嚴又禁侵湖爲田者并酌舊議必損八鄉以益許賢一鄉民始得其平其他善政多類此

張暉淳熙中知蕭山寬猛適宜民畏而愛之會諸暨水溢詔開紀家滙浚蕭山新江以殺水勢暉上言諸暨地高蕭山地下山陰則沿江皆山疏小江可導諸暨之水欲浚新江其底石堅不可鑿若開紀家滙則水逕衝蕭山桃源等七都田廬爲沼矣時蔣芾爲浙東提刑主諸暨之請欲開滙暉力爭曰暉頭可斷滙不可開乃止蕭邑賴之

郭淵明字潛亮嘉定中知蕭山鋤刈宿豪禁民婚嫁不以時又疏濬湘湖利及四境太守刁約聞之曰郭蕭山厭民望矣祀名宦

趙善濟四明人乾道中丞蕭山頑民徐彥明獻計恩平郡王欲以湘湖爲田善濟力爭之得寢歲旱九鄉人多爭水搆訟集議繕修湖防至今賴焉又有丞鄭承議者不畏强禦朱統制在縣縱收卒侵刈鹽場草鹽司奏其事榜許格捕卒刈草如故亭户捍之致殺傷其四人朱屬吏以毆擊論死者八人獄成令已署案次及丞鄭責吏曰榜既許人格捕殺之罪輕今以他事論死民甚冤案不得書我名吏惶懼退易前案八人皆免死

游酢字定夫建陽人師事二程時以游楊並稱天聖

中舉進士調蕭山尉辨決疑獄人稱神明在官數年德惠旁洽用廷臣薦召爲太學録歷知和舒濠三州伊川嘗言游君問學日新政事亦絶人遠甚祀名宦

謝景初字師厚陽夏人慶曆中自大理丞出知餘姚視民如子民所利病相緩急爲設方畧務令得所姚北偏瀕海歲苦海患爲築堤捍之境内多湖陂豪強率侵爲田爲具奏禁止民又每爭水泉乃創立規繩簿記其高下廣狹啓閉晷刻令各鄉遵守其後令王敘趙子潚常褚皆梓之名曰湖經自是有盜湖爭利者證經迺息至今不敢瀕海之民多盜煑海禁之不

止乃頒示約束令民無失利法亦罔忤而鹽課倍昔又飭厲學官化誨子弟當是時景祐知姚其弟師立知會稽王介甫知鄞韓玉汝知錢唐皆有聲吳越間稱四賢云 祀名宦

汪思温字汝直鄞人擢甲科轉令餘姚姚鄞接壤思温熟知其俗每有興革必順民所欲惡民皆父母戴之前令謝景初所築海堤歲久且圮思温繼修其功並海七鄉之田盡復其故每念水利大計曲慎其防官終顯謨閣學士 祀名宦

趙子潚字清卿宋宗室也宣和中進士爲衢州推官

時苗劉肆逆兵薄城子瀟堅壁拒之城賴以全尋知餘姚有大豪結黨持縣事縣官莫敢誰何子瀟窮治其罪由是百姓震悚俗好訟每投牒率千百子瀟口決手判無一弗得其情新學宮給廩餼督子弟興學八去縣民立石志思道出上虞遂家焉官終龍圖閣學士 餘姚祀名宦 上虞祀鄉賢

施宿字武子長興人慶元初知姚其為政務大體興廢舉墜不事細謹尤加意風教市田置書教誨學者姚比瀕海歲役民修隄勞費甚宿更為石堤建莊田二千畝以備增修功與前令謝景初並稱云 祀名宦

李子筠簿姚號李水晶其有茶商航海與海船相遭吏疑爲盜相格鬭殺傷十餘人久繫不決太守趙抃檄子筠治之子筠曰犯時不知在律勿問其鬭于州杖遣之抃大稱賞焉又有尉楊襲璋淮南人也能威制豪強窮捕海寇終其任盜賊屏息值亂不得歸竹姓爲營田宅居之遂家於姚

王存字正仲丹陽人慶曆間學者方尚彫琢存獨爲古文登進士遷上虞令豪族殺人存至按治如法豪賂他官變其獄存以故入罷去久之除密州推官修潔自重甚爲歐陽修呂公著所知累官國史編修修

起居注時起居注雖日侍而奏事必禀中書俟旨存乞復唐貞觀左右史執筆隨宰相入閤故事神宗避其言聽直前奏事自存始也尋爲右正言數以論事切直左當事者改知杭州致仕

陳休錫趙不揺後先令上虞並加意水利疏聞於上禁民不得淤湖爲田自是佗邑或病旱獨上虞得湖水屢稔民甚德之並祀名宦

葉顒字子昂興化人紹興中爲上虞令凡徭賦令民自徵以次輸於庭親視收之吏胥不得爲奸民大稱便時帥令夏稅先期輸十之八顒請緩之帥怒顒不

顧及變熟稅完顧爲諸邑最皆慨士不趨學斥大庠舍勸掖備至乾道初拜相引川名流廉約終身先廬隘甚不益一椽卒謚正簡子元泳復令上虞功田養士人稱濟美云 並祀名宦

汪大定字季應鄞人淳熙中令上虞政務平易才敏而慮周時魏王愷於四明使者旁午上虞通明堰故高潮水乍至輙囘丧舟不克濟大定乃相視地形復典舊閘增浚查湖開支港創小堰以通餘舟募游手二百人別以其色列左右候大舟入閘即引湖水灌之水溢堰平衆力挽疾行餘舟畢濟民用不擾使者

稱不絕口

婁寅亮字陟明永嘉人政和進士丞上虞政事有聲高宗幸越上書請育太祖後爲嗣上讀之感悟以其言宗社大計擢監察御史寅亮之後有丞汪公亮廉潔能文章作縣治朱娥廟二記人稱上虞二亮

沈煥字叔晦定海人乾道中爲上虞尉職務修舉嚴而知恤吏民安之嘗幹辨浙東安撫司公事高宗山陵貴戚近臣畢臨民困供億煥告安撫鄭汝諧曰國有大戚而臣子晏樂安乎汝諧屬煥條奏移文御史請明示喪紀本意於是茇舍悉從菲陋浮費頓省值

歲旱常平使者遣煥賑恤餘姚上虞所活甚衆民思之不忘煥始與臨川陸九齡爲友一日盡舍所學師之又與朱熹呂祖謙問辨講求官終直文華閣卒謚端憲　祀名宦

寇仲温慶曆初令諸暨未明視事亭午皆畢興學校廢淫祠父老稱之

丁寶臣字元珍晉陵人第進士初知剡聽决精明賦役有法民畏而安之已改令諸暨暨人喜曰此剡人所戴以爲慈父者吾邑何幸焉而寶臣亦用治剡者治暨大有政聲以材行選編修校理秘閣其卒也歐

陽修王安石表識其墓寶臣之後有令錢厚之嘗建炎中奏減和買絹四之三以紓暨人之困姜紹請粟于朝得萬餘石以賑暨人之饑劉炳蠲免淘金之役暨人並思之不忘云寶臣厚之炳並祀名宦

熊克字子復建陽人好學善屬文紹興進士令諸暨時久不雨而郡帥遣幕僚課賦急克對之泣曰此豈催課時邪吾寧獲罪不忍困吾民部使者芮輝行縣入其境謂克曰曩知子文墨而已今乃見古循良爲表薦之累官學士多所著述祀名宦

劉伯曉字晦之山陽人嘉定中令諸暨值雷雨累日

夜洪水交作漂民畜田舍無筭伯𤞧掩泣奔救力請於朝得蠲稅一年田之不可復者除其籍見劉承救荒記 祀名宦

家坤翁眉州人寶祐間令諸暨能文章好獎掖儒彥甚有政績嘗築長官橋爲長堤障水植柳其旁人號家公萬柳堤 祀名宦

過昱一名公彥皇祐初以秘書丞出令剡歲饑流民集城下昱勸富家出粟賑之明年又饑乃出常平錢請糴取其羸米幾萬斛予流民又割俸麥爲種役饑民耕種官田明年得麥五百斛復予流民使歸復業

流民感泣而去

朱旅字廷實莆田人宣和中令剡方臘及連陷諸州郡且犯越越盜群起爲應縣吏多遁走旅遣妻子浮海歸閩獨繕城固守以忠義激厲士卒誓與城俱存亡俄而賊擁衆至旅躬率壯士冒矢石禦之屢有斬獲終以力不敵戰死太守劉韐以聞詔贈朝散郎錄其四子

宋宗年郊之孫也建炎中令郯金人攻越守李鄴以城降屬邑皆潰宗年城守獨堅民賴以安官至中散大夫因家於郯

史安之字子由浩之孫也嘉定間令剡清訟洽蠹姦黨屏息考正經界刊定稅籍宿弊一時盡洗嘗捐俸以代民輸奏蠲和買絹四百餘疋築城修學百廢具興詳李宿所撰治績記

陳著字子微奉化人登文天祥榜進士相國吳潛等以著才可大用相繼薦於朝時賈相當國諷其及門著曰寧不登朝不爲此態遂出授福安令改知嵊宗室外戚有居嵊者持一邑權前令率以謹夫關令者十有七年又有貴豪布兗徒於僻地剽掠行人役于家及造白契占人田產者著至政教並舉獨持風裁

諸豪乃歛戢民賴以安在嵊四年代者至民乞留不得祖帳遮道數十里至城固嶺民不忍舍因易嶺名曰陳公嶺以識去思代者李興宗謂著何以處我著曰義利明而取予當教化先而獄賦後識大體而用小心愛細民而公巨室如是而已累官監察御史知台州

謝深甫字子肅臨安人乾道初進士尉嵊歲饑有死道旁者一嫗哭訴曰此吾兒也傭于某家遭掠而死深甫疑之蕪得嫗子寔匿他所嫗驚伏曰某與某有隙賂我使誣告耳皆抵罪自是人不敢欺爲浙曹考

官一時士望皆在選中曰文章有氣骨可望而知謂知青田侍御史葛鄰顏師魯交薦之孝宗召見深甫言今日人才楞中侈外者多妄誕矯訐沽激者多昡鬻激昂者急于披露而或隣于好弩剛介者果于植立而或鄰于太銳靜退簡默者寡有所合而或鄰于立異故言未及酬而已齟齬事未及成而已挫抑於是趨時徇利之人專務身謀習爲軟熟因緣攀附遂至通顯施施自得氣焰淩人一有緩急莫可倚仗臣願任使之際必察其實其人果賢則涵養之以蓄其才振作之以厲其氣栽培封殖勿使沮傷上嘉納之

除大理丞江東大旱擢爲提舉常平講行荒政所全活甚衆累官右丞相致仕有星隕于居第遂卒

張公良字希留壽光人太平興國中令新昌創立縣治及學宮勤于政事卒不能歸民卜地葬之名曰官阡

林安宅閩三山人紹興中知新昌改建學宮置旧養士諸廢墜無不修舉築東堤以禦水患浚七星井開孝行碶決縣渠自南門入郭出西門與碶水合以溉民田自宋中興有功于縣者安宅爲最累官尚書參知政事民肖像祠之曰止水廟云　祀名宦

丁疇字世球晉陵人淳祐中令新昌時歲荒太守命賑之疇曰欲行荒政宜緩催科欲恤小民宜優上户乃緩刑薄斂平糴勸分有無相資歲頼以不害已又作新學政制器斥田文教聿起祀名宦

王世傑金華人寶祐初知新昌爲政務先教化講明理學隣郡士集講下者數百人士風大振民吏德之祀名宦

周偁字正輔安吉人寶祐中知新昌剛正明敏不畏強禦時相丁大全引用汙吏預令州縣上供偁舉手誓天曰偁頭可斷決不爲新昌開此例上命督責愈

急俌終不變當時咸以頌今日之其後他州縣被害積五六年不已而新昌以俌故獨免秩滿擢監察御史忌者諷臺臣劾去公論惜之

張珦字國珎南軒先生之裔也開慶初以進士知新昌當是時民財匱於兵而倖臣柄國者專事苛歛珦守正不阿寛徭節用雖獲譴不顧元兵南下珦團結義勇爲固守計後卒于官子孫因家焉祀名宦以上皆縣職

劉一止字行簡歸安人七歲能屬文舉進士爲越州教授嘗預省試首録張九成時稱得人

何俌字德輔龍泉人紹興間進士除紹興教授時方

與金和好備裒少康周宣王漢光武晉元帝事可施行者爲中興龜鑑上之乾道間以集英殿修撰知廬州上賜詩祖餞有奏議內外制西漢補遺大學講義

朱倬字漢章閩縣人舉進士張浚薦于朝與秦檜忤出教授越州梁汝嘉制置浙東表攝衆謀有群盜就擒屬倬鞫問獨寘二人餘釋不問曰此饑民剽食耳烏可盡繩以法累遷右正言每上疏輒夙興露告若上帝鑒臨者紹興末年拜尚書右僕射史浩虞允文陳俊卿劉珙之進用皆其所薦云

項世安字平甫松陽人七歲能詩長治春秋教授紹

興與朱熹講明理學以熹薦入爲諫官召試館職除秘書正字累官龍圖閣多所建明坐黨籍罷以上皆學職

元吝魯兼善纖人也至正中爲南臺御史大夫治紹興張士誠既稱吳王諷行臺爲請實授于朝兼善不從士誠怒使奪其印兼善封印置諸庫曰頭可斷印不可得又迫之登舟曰我可死不可辱也遂沐浴更衣賦詩三章與妻子訣仰藥而死統轄

張昇字伯高平州人紹興路總管大德間民大饑疫死者迨半賦稅鹽課皆責里正代輸昇乃稽證簿籍白行省悉蠲之前守有爲浙江行省參政者欲以私

憾困人移平江歲輸海運布囊三萬俾紹興製如數民患苦之吏數守置弗問昇奏麻非越土所生海漕實吳郡事於越無與卒罷之

王克敬字叔能大寧人幼奇穎力學大定初總管紹興民戶計口受鹽最爲困苦克敬奏减五千引運司官執不可久之轉兩浙鹽運使卒首減之民大稱便元統初遷江浙行省參政年未六十即請老時論高之卒謚文肅

宋文瓚總管紹興恩威並施事無不理及去任越人思之

泰不華字兼善伯牙吾台氏至元初總管紹興剗剔吏弊除沒官牛租令民自實田以均賦役行鄉飲酒禮教民興讓風俗大化尋除浙東元帥爲方國珍所害謚忠介

王禎其先霑化人父簡爲烏程尹因家烏程至元中簡知福寧州禦賊力戰死立不仆無血惟白沫而已次子相及相妻潘被虜不辱並死之事聞簡封太原郡侯禎襲父爵授紹興路總管張士誠陷郡亦不屈而死

脫帖穆耳字可與系出蒙古遜都臺氏泰定三年以

上千户所達魯花赤分鎮于越攝萬户府事時懸孝
蔡定之廟爲民所侵耳慨然曰孝子不祀人奚以勸
勸還侵地廟像復完元兵掠天台烈婦王氏死于清
風嶺耳爲立廟刻有隱士吳君與耳友嘗言得附
葬於二戴死不恨矣及卒耳輟俸爲葬于書院之側
其好義如此性廉直不喜紛華晚闢城南齋閣懸弓
劒左右圖書陶如也泰不華守越行鄉飲酒禮迎耳
居僎輔升降不愆人望而敬之子月魯不花登元統
元年進士

陳思濟字濟民栢城人至元中同知紹興承檄讞獄

桐廬有囚羸瘠將死縱遣還家候期來决因日聞公名久矣若不早决恐終不可保爲閱其案而釋之轉兩浙都轉運同知民困于賦役悉蠲除之又轉浙東宣慰同知浙西饑移浙東粟賑之浙東旱禱丁名山雨輙大澍

金德潤字君澤浦江人爲人忠靖恪勤手不釋卷歷官紹興路治中酷惡豪強所至屛迹人稱健吏

趙叔遜爲紹興路推官宅心仁恕精於律典而用法不苛獄無宄滯及去民勒石志思

貢師泰字泰甫宣城人至正中爲紹興路推官斷獄

平允治行爲時第一值元亂遂易姓隱居作幽懷賦後復起兩浙運使奉詔漕閩廣粟海上多警留居海寧與謝肅胡奎講學自寧航海達閩漕於京師又自閩浮海上築於海寧所居里曰小桃源劉基書其扁云

邁里古思字善卿寧夏人起家進士至正間爲紹興路錄事司達魯花赤能以法誅部曲得士庶心練兵擊賊有功遷行臺鎭撫仍留紹興時盜起浙東西郡縣多殘破獨紹興賴其保障境内晏然民愛之如父毋進行樞密院判官御史拜住哥忌而殺之久之事

白詔寬拜住哥民建祠祀古思焉

昂吉西夏人紹興録事叅軍爲人廉介文行俱可稱　以上皆郡職

定定字君輔畏兀氏也至正間爲山陰縣達魯花赤均賦興學表賢良明教化吏民稱之

戴正鄱陽人元末丞山陰年甫十九詳慎如老吏有清操政尚寛平嘗承檄括民田詭隱弊革而民不擾

呂誠字實夫元統中尹會稽省刑均賦庭無冗事尤以廉慎稱

周舜臣至正中尹會稽蒞政公勤廢墜畢舉田賦宿

弊釐革無遺民畏而愛之

彭仲宣至正中丞會稽政公訟理才名翕然其後有簿毛彥頴執法不阿人呼爲鐵主簿

裴思聰至元閒尹蕭山廉明謹畏務以德化民天旱蔬食退居引罪自責雨輒沾足張士誠據浙遂棄官居嘉興士誠厚聘之不受憂憤而卒

華凱字元凱至正閒尹蕭山先時田多隱沒民賦不均凱覈實坵畝官給由証爭訟頓息

於善至正閒尹蕭山性寬和率民以禮作新學校築堤捍水民受其利後遂家于長山鄉

尹性字本忠至正末尹蕭山邑經兵燹之餘能安輯流亡德刑並用歲登民和

趙誠宛平人簿蕭山端嚴淳厚爲民捍禦災患有政績既罷官遂家蕭山邑人至今祠祀之祀名宦

脫脫字子安燉煌人初判黃巖累遷餘姚州達魯花赤爲人廉明寬大平居持重人莫能窺其際及事至刃解斧斷張弛得宜民蒙其惠遷秩而去老稚涕泣送之祠名宦

李恭字敬甫關隴人知姚州廉平不苛又習文法吏奸不得行時州民役于官者歲終乃代廢其生業恭

爲更定每季代之州産紅米官令市白米充税恭疏請聽以土産上輸營建廟學乞增置師弟子員每與論難經義墾湖田数百畝益其廩士民交戴焉後遊地餘姚及卒州人哀金楚之元季州人請其子樞知姚

明興改知奉化稱良令祀名宦

汪文璟字辰良常山人初判餘姚號爲廉平擢翰林編修詔擇循良復以文璟知是州任德弛刑細弱安利有豪武斷海濱文璟按治其罪然不爲嚴誅務以長者化導之修舉庠序之教誘進諸生身課其業歲旱徒跣禱於山川者凡七日得雨有秋海寇竊發官

兵壓境文璟從容應之百姓晏如及去任懷思不置元末兵亂文璟辟地餘姚因家焉代文璟知姚者爲郭文煜政治與文璟並稱民並祠祀之

宇文公諒字子貞歸安人以甲科同知姚州晝之所爲必冊記之夜乃焚香告天如古人不欺其心者政敦仁厚存問耆老禮遇儒碩夏旱禱雨輒應人稱爲別駕雨嘗攝會稽縣申明冤滯所活者衆官至廉訪僉事　祀名宦

劉輝字文大汴人爲餘姚州同知郡守下輝均田賦是時州籍失火豪猾乘時詭匿甚難踪跡輝手植二

栢于庭禱之曰事成栢榮不成則否乃躬履田畝置魚鱗圖鼠尾冊定等平役按畝給由出匿田萬餘畝初輝受檄出舍焦勞鬢髮爲敗及是賦均栢果榮吏民愛之比于甘棠云祀名宦

葉恒字敬常鄞人判姚有幹局籌畫久遠姚有捍海堤潮汐決齧海盐內侵民最苦之恒更築石堤二千四百餘丈自是遂無海患至正間錄恒海堤功追封仁功侯立廟祀之祀名宦

傅常字仲常鉛山人舉進士調判姚常視州篆奸沮滯決吏民畏戢至正秋海上有警宣閫檄常偵賊定

海而常所受兵素不習戰與賊遇弗敵死之常居官有氷蘗聲戍之役借人一短褐往其母及其兄貧不能歸遂家于姚

馬思忽至元中上虞達魯花赤同僚尚嚴刻思忽濟之以寬凡民田珊江糧額未除者皆優使輸布邑不産茶隣境以官採侵擾思忽奏遏之嘗奉檄讞獄他邑或持執政風旨俾上下其手思忽不聽又有佛家奴者至正中達魯花赤政令不妄發民甚安之

王璘字景文臨沂人至元末來尹上虞氷蘗自守一意拊循弛禁省刑獄無濫繫興學尊老風化大行

張辰星字德修臨沂人尹上虞蒞政公廉一介不取敷戶平徭新學贍士政績甚著

于嗣宗字德元錢唐人至正初上虞尹以慈惠稱嘗勸民出粟爲石堤捍海遺利甚遠

林希元台州人博學能文章由翰林應奉出尹上虞在官廉介妻子恒有饑色人不能堪希元處之泰如也白馬湖最關水利每爲豪民所侵乃定墾田數湖始復舊旱潦咸賴之重建明倫堂續修邑志嘗請立箕子廟於遼東祀董仲舒於廟庭皆有功名教者卒于官貧不能斂邑士爲營塟之所著有長林存稿祀名宦

李膚字景明武平人至正間尹上虞和易有守是非必折於理歲久旱方病目弗顧周視阡陌免其租稅嚴湖禁重兵防民賴以安會世亂不能歸卒葬於虞謝肅銘其墓

韓諫字自行天台人至正末尹上虞方兵興善處供億民不擾而用亦不乏時有以夏蓋二湖獻長鎗軍者諫言於督軍郎中得寢均西溪湖田定四等賦民咸利之

趙元齡字子年宛丘人尉上虞先是縣官收職米率三倍元齡獨概升勺過取土兵之隸於司者毋予視

之秋毫無所擾邑人爲之語曰縣尉不要錢只有趙

子年

馮翼字君輔濟寧人元貞初知諸暨州始至察民隱鋤擊奸豪殆盡鄉胥有舞文增税者悉釐正之民病山園税重遂多抛荒乃請於總管李朶兒但以中統鈔准輸田租而免山園之税又奏罷採金之役民用不擾政暇輒引諸生講論經史使州吏環聽皆廩廩色動及去任民遮留不得爲建祠祀之　祀名宦

于九思字有鄉薊丘人大德間知諸暨州俗好訐牒訴紛然九思審察情僞得其尤無良者痛繩之飭勵

學校選擇秀茂示以禮讓賞罰譁寢衰或言地產水晶砂金發使調民丁採之闔境騷動九思力陳無產狀遂罷其役後爲紹興路總管號良二千石祀名宦

單慶字吉甫濟寧人大德間知暨歲饑且疫死者相枕慶早作夜思吊死問生曲盡救災之策民感其更生相率聽化慶益撫以寬和有爭於庭者進而兒女語之皆慙沮引去凡有徵發不勞而辦盜化爲良鞭箠幾措有虎暴入市人莫能禦慶爲文告於城隍三日虎死廟側浙東蝗飛蔽天入州境咸抱竹而死歲且屢登居三年遘疾大書忠孝數字遺其子及卒民

皆罷市巷哭挽柩而送者数千人尋爲祠祀焉祀名宦

柯謙字自牧天台人判諸暨治獄多平反賦役有困民者力爭於上而除之嘗捕蝗境上有相率爲淫祀者取土偶人踣而鞭之以示民曰此不能與命吏共禦菑祀之何益明日毀其祠蝗忽飛去後遷江浙儒學提舉祀名宦

黄溍字晉卿義烏人延祐中以進士判諸暨博極群書以文學名其臨下一以誠信巡海官舸例三載一新費出於民有餘則官侵之溍裁縮浮蠹餘錢悉以還給民大感悦奸民以僞鈔結黨脅人旁及隣邑株連

數百家滑承檄訊之輒引伏民害乃息歷官侍講學士卒祀文獻祀名宦

余洪字仲寬益都人元貞初尹嵊嵊夏稅絹洪請得納鈔減費之半先時田稅重而山與地不科洪爲均之民咸稱便爲人廉介明決凡爲民蘇困補偏多此類也

高閭蒙古人至大二年嵊達魯花赤政尚嚴肅裁吏卒之冒濫者若干人才名籍甚鎮守千戸縱戍卒擾民閭以法繩之尋白帥府罷鎮守司民獲安堵與尹萬嵩相規以正並稱循良閭之後有教化的者怯烈

人泰定初達魯花赤能潔已愛民以糧稅輸郡道路艱阻請折以布民感其惠爲立石志思焉

侁治字公望至元初尹嵊其政務折豪右扶細弱首定役法細民稱便時達魯花赤馬合麻縱吏卒爲暴治遠逋數十輩械府悉論罪縣境肅然亡何竟爲馬合麻所中傷罷去

火魯思察畏吾人至元二十四年新昌達魯花赤時浙鹽法峻豪猾寅緣爲奸思察得其狀馳白運司民賴以蘇其明年二月思察以公事赴郡婺州賊楊振龍突入新昌焚掠慘甚思察急歸禦之會千戶崔武

德將步騎二百人至與賊遇戰死思容獨鼓衆力戰于長潭連日夜不解賊敗走三月六日賊唐仲復聚衆來寇思容遣間聲言大軍且至隨率數十騎襲賊于五峰嶺賊驚散追殺人司農卿脱脱檄思容會兵東陽討振龍餘黨思容馳往盡降其衆新嵊兩邑疆宇復完皆其功也祀名宦

李拱辰字廷弼淦陽人至大中尹新昌時當兵亂後鎮守軍多悍驁肆剽奪民田及秋將收軍結黨據其中民甚苦之拱辰至下令一日盡撤去敢攫取一粟者罪之居任庭無留訟日與賓佐觴詠爲樂版籍沒

于兵火履畝置冊視前人計慮尤精云祀名宦以上皆縣職

孫原夔餘姚人爲山陰教諭闡明理學克纘蜀湖先生之緒

趙子漸金華人從遊許白雲先生辟蕭山教諭每以綱常大義廸後進遠近聞風而至

俞長孺字觀光新昌人歷諸暨州學正治經敦行刻勵好修晚年所造益深其教門人務以反身自約遠近向之所著有心學淵源及詩文共數十卷祀名宦

吳簡字仲廣吳江人以薦入官歷紹興學錄所著有詩義論語提要史學提綱

黄叔英字彦實爲和靖書院山長介然特立克紹家
學翰林學士袁文清稱彦實遊宋故都見知名人多
脂韋自保秘惋恨無可與語則其所存可槩見其於
經史百氏過目成誦爲文儁拔偉麗意氣奔放若不
可御而能弗畔於道間以茂異遣詣中書不行卒
餘姚竹山有戇庵暇筆詩文雜著若干卷
戚祖象字世傳婺州人天性質直無崖岸不喜爲機
巧少服庭訓甘淡薄師事王元章達於義命杜門不
出環堵蕭然有書數百卷頹然自放年五十人鮮知
之大德中舉東陽教諭遷和靖書院山長求致仕不

許復用爲信之道一書院山長辭不就

桂彥良初名德稱慈谿人陶安字主敬姑孰人並爲

高節山長彥良橫經講道士類歸嚮時張士誠據江

右方國珍據浙東數以禮聘之皆不就安學宗朱子

許謙化誨浙東西學者踵至

高皇帝兵興彥良與安並起翊戴爲昭代名臣以上學職

七

600478

紹興府志卷之三十八

人物志四

名宦後

皇明張熈北平人洪武初知紹興平易得民情勤公務府治公廨及什器不可缺者皆其所創置人咸稱之見一統志

唐鐸虹縣人洪武初從軍守濠州授西安縣丞歷知紹興御下以誠人不忍欺凡徵賦有非土產者悉奏罷之餘姚上虞爭夏蓋湖水利經歲不决鐸至斷以至公民皆悅服官至刑部尚書祀名宦見一統志

李慶順義人洪武末以國子生署右僉都御史授刑部員外郎出知紹興器量宏遠威信並濟庭無滯獄吏民畏而懷之公暇即躬理園蔬以供朝夕照磨侯鑰守職清貧每分俸資給由是幕僚競勵廉操成祖登極慶以違詔被逮軍校途虐之將致之死至京赦免尋擢右都御史後軍校適以罪下慶按治慶無佗怨人稱爲長者祀名宦見一統志

胡敏荆州人宣德中知紹興方正廉簡御史甚嚴時庶務繁劇敏處置得宜民不擾而郡治

羅以禮桂陽人宣德中守郡寬猛得宜利獘無不興

葦好敦禮隱逸在任九年或雨暘不時祈禱輒應民歌曰太守羅以禮存心合天理祈晴得晴祈雨得雨

祀名宦

彭誼字景宜東莞人景泰時爲御史治河有功累遷右僉都御史天順初以忤權貴調知紹興民告饑即發倉賑之吏白當上請誼曰待請而發死者多矣吾何愛一官不活萬命邪明年有秋民爭輸實倉郡中官站湖田正稅既重復加折耗歲小侵則鬻産不能償官私困迫誼請按畝起耗不分輕重槩以三升爲率稅額耗乃大減民始獲蘇又築白馬閘障鹵水使

不得入一郡蒙利最聞擢山東布政使晋副都御史
祀名宦
洪楷字學膺莆田人初爲御史出知紹興儉勤廉慎
賦寬刑平民甚德之成化辛卯歲饑瀕海多盗楷令
防守要隘盗遂屏息復勸富家出粟以貸貧弱由是
歲不爲害從子珠字王方嘉靖初復知紹興寬厚文
雅崇尚名教建忠臣劉韐先賢尹焞祠封耆儒羅頎
墓表節孝聘遺逸若王埜王琥輩皆躬造其廬一時
士氣稍振尋遷本省右叅政人謂大洪小洪先後同
風云

戴琥字廷節浮梁人由南臺御史来知紹興琥起家鄉貢而持身廉介馭八邑令長每甄别其黑白品第其高下稍有過輒庭叱之不少借諸令長凛凛無敢[illegible]歲則舉行鄉射敦禮名士徵之賓間至梅山造隱士羅頎之廬召諸長老與共揚搉今古終日不倦即窮鄉單户有奇節獨行者封墓式閭唯恐弗及凡遇民疾疫必遣醫分療文廟樂久廢特崇修之朔望進諸生講論經史聽者竦動尤究心水利若上虞之夏蓋湖山陰之西小江跡防得宜匾拖玉山築塘建閘蓄洩有候潮患不侵功利甚溥至今去思有碑或

題其柱曰千載蒸嘗劉母廟三春楊柳戴公堤蓋公評云祀名宦

劉麟字元瑞安仁人正德初知紹興前太守劉亦名麟年耄志衰用侈而政頹民甚病之麟至一切務裁省剔蠧舉墜閭閻如觧倒懸五十日頌聲載道逆瑾銜麟出守不修謁乃摭刑部瑣細黜爲民麟即日徒步去郡人攀留不可得則[illegible][illegible]像爲小劉太守祠蓋以漢太守寵爲大劉也瑾誅復起歷泉藩終工部尚書晚愛吳興山水遂卜居坦上與孫一元龍霓陸崑吳充結社唱和號苕溪五隱文章節槩並重

妙時年九十卒賜謚清惠祀名宦

南大吉字元善渭南人性豪宕雄於文與康海胡纘宗諸人齊名嘉靖初以部郎出守郡同知靳塘多智譎在任久諳諸利弊大吉下車每事諮詢塘以書生易而謾之大吉陰察其情而陽爲不知者旣三月一日坐堂上召諸吏抱案集庭下數之曰若等啻欺予某事然若以爲不然其事不然若以爲然何欺予如是亟持案來案至立剖數十事悉中情理人人慴伏塘駭汗齚舌不敢出一氣由是飭條教頒下邑懲奸戢暴不橈貴勢巨豪石天禄戴顯八者窩盜致饒官

府素不能治悉逮捕斃獄中每臨重囚必朱衣象簡秉燭焚香大開重門令衆見之望見者以爲神人不可犯然頗傷苛急矣當是時王文成公講明聖學大吉初以會試舉主稱門生猶未能信久之乃深悟痛悔執贄請益文成曰人言不如自知之明自悔之篤於是稍就平和乃葺稽山書院創尊經閣簡八邑才儁弟子講習其中刻傳習録風示遠近文成振絶學於一時四方雲集庖廩相繼皆大吉左右之也又嘗濬郡河開上竈溪理侵壅役丁夫遂籍籍騰謗矣會有郡人居吏部者亦銜之遂以大計落職去大吉政

尚嚴猛喜任事不避嫌怨竟以是蒙訾然鋤奸興利至今賴之其功不可掩云祀名宦

黃綰字子賢汝南人以刑部郎遷知紹興時當南守威猛之後綰以簡靜寬大鎮之刑清政理士民交愛戴焉始綰居部時按問給事中陳洸罪以律後洸依附權相復以故入奏辯遂逮綰詣詔獄郡人無少長攀號塞道車不得前綰竟卒于家

湯紹恩字汝承四川安岳人嘉靖丙戌進士乙未以部郎遷知紹興爲人寬厚長者其政務持大體不事苛細與人不欺人亦不忍欺樸儉性成内服疏布外

服皆其先參政所遺始終清白然亦未嘗以廉自炫度量宏雅遇士大夫有禮尤喜延接諸生諸生事涉身家必委曲調護然亦未嘗廢法也值久不雨紹恩徒跣禱赤日中雨輒如注郡瀕海每苦旱潦舊有斗門閘猶未得其要紹恩廣諮父老諦察地形乃於三江建大閘二十八洞啓閉以時雖旱潦不爲病越人至今賴之當其始建時役重費緐譁言不便者十九謗讟朋興紹恩堅執不動已而閘初起輒爲海潮所衝突役夫皆哭紹恩曰毋恐如是當益固耳乃禱於海若潮不至者累日工遂就蓋誠格於神如此人人請

恩在吾紹其命名亦不偶云時通判周表才敏處周董視閘功勞績爲多越人祀之以配湯侯焉祀名宦

張明道羅田人繼湯爲守無所更張務與民休息好立名義慷慨峭直不拘準繩每聽斷訟獄輕重或不可測有玩世滑稽之意人呼爲張顛然實非顛也其學博窺經史尤深於黃老然蘊而不發諸生或抱狀立庭下先與談說今古稍中旨即判狀得白不且訶使退矣當是時太守習爲寬大民視太守嘻嘻如父子不見可憚越俗上元燈火甚盛太守偕郡僚角巾步市中觀燈不以爲異郡署中有亭在卧龍山巔縱

民出入登眺無禁也蓋羲皇世界故老猶能談之而今不可復覩矣

李僑字子高長清人當嘉靖乙夘間倭夷擾越境前守其性悍急城守張皇賊未至衆已先憊尋以罪罷去僑爲武選郎有聲遂簡知紹興旣至務爲持重令丁壯悉歸田郊市晏如賊亦竟不敢犯督府方用兵征求四出僑毎持議節省又欲發會稽銀礦佐軍費僑堅執不可督府雖怒之而事竟寢其爲政精嚴吏屏氣不敢玩越俗少年競尚淫靡有犯必痛繩之郎請託交入弗貸時山陰李令止人也毎出則以兩鐵

索前導而僑出必懸兩爐爇香越人爲之語曰府香爐縣鐵索一爲善一爲惡在郡六年乃遷按察副使備兵寧紹鎮靜輯和大都如郡時官終山西左布政使

黄璧字廷玉浮梁人成化中同知紹興守潔政平民甚宜之秩滿去郡惟圖書衣被而已祀名宦

朱彤蘄州人永樂初爲通判廉公有威人不敢以私干及去官士民走送者數千人闐溢郊外父老來自山谷者皆欷歔流涕而别

張齡字廷壽華州人成化中爲通判廉靖謙和愛民

下士勤勞致疾卒于官士大夫競爲詩歌以悼之

袁通正統已巳爲紹興推官初任值處州賊葉宗流之亂通奉檄率鄉兵往討即日與其子就道徑抵賊巢列柵以扼其衝待旦乃與戰賊夜刼其營父子奮鬬俱被害

蔣誼字宗誼句容人成化間推官好文學引接儒生讞决平恕人無號寃者召拜御史風采尤著

毛伯温字汝厲吉水人正德中推官爲人豁達有雅度沉毅精明每讞郡獄必兀然凝坐徐察言色務得囚隱衷而後斷其是非故誠權衡輕重無縱無枉人

人稱平共呼爲毛青天云諸郡邑有訟冤者必求直於毛青天攝理盈案能譽大起尤好敬禮賢士大夫不以貴顯唯其學行有聞者必造門諮訪相與賡唱盈帙亡何徵拜御史巡按諸省咸著風裁歷兵部尚書太子少保起征安南撫定莫登庸之亂以功進太子太保卒于家

陳讓字以禮晉江人舉省試第一尋第進士推官紹興諸生素諳其文及至爭造門下時有禁有司不得私受門生讓歎曰吾豈以是阻士子嚮往之心哉欣然延接躬訓廸之得其指授者多成佳士爲人寬博

雅重讞獄明恕凡郡中大利病每贊太守罷行之新昌築堤三江建閘皆與有勞焉尤惓惓以正風俗明教化爲己任毀淫祠獎節孝增置學田崇祀先哲葢斌斌以文學飭吏治矣已徵拜御史疏劾巨俠劉東山之奸文諫阻　獻陵遷葬直聲大震然竟以是賜罷隆慶初追贈光禄少卿以上皆郡職

崔東字震初洪武初知山陰賦均訟簡有治聲去後民益思之見一統志

譚應奎廣東人洪武末知山陰有治劇才摘發奸蠹吏民不敢欺

王耕字舜耕山東人永樂中知山陰有經濟大畧時朝廷初事營建征發旁午耕調劑節約不廢法亦不病民中官鄭和下西洋取寶玉道所經輒恣横室廬不寧耕抗言邑所産唯布粟寶玉非所有也和遂去錢浩華亭人宣德間知山陰愷悌文雅抑豪强伸枉滯斷獄平反皆得其情里胥應役有程度吏莫敢覊停之者治爲一時最

周鐸四川大竹人天順初知山陰外剛内恕奸鋤抑豪横而字細民如子尤加意學校治行蔚然可稱

金爵字良貴綿州人成化中知山陰平易節省居官

無赫赫名而下民殊德之時郡多虎獨不入境人以爲異徵擢太僕丞去子獻民官刑部尚書祀名宦

王倬字用檢崑山人成化中知山陰練於政務洞悉下情吏民畏愛官至兵部侍郎祀名宦

李良山東人弘治初知山陰才畧過人廢墜畢舉運河土塘霖雨即頽水溢害稼且病行旅良周諮計度甃以石亘五十餘里塘以永固田不爲患至今便之

張焕字主奎太和人正德中知山陰有雅量政先大體丁外秋海溢死者相枕籍焕躬詣巡省吊死問生力請當道寛其賦且賑之比歳登令民築塘捍海復

於上流建匾拖閘蓄洩以時自是少水患尤勤於造士修復稽山書院至今緝續恢弘實其所更始云

顧鐸字孔振山東博興人正德間知山陰嚴明威斷吏不敢爲奸豪右歛迹至今談其政凜然風生

楊行中字惟慎通州人嘉靖間知山陰厚重寬大脫畧苛細雖棼劇中不越常度時方懾於前威而行中以簡靜居之寬猛相濟士民懽洽以績擢御史歷戶部尚書

劉昺字晋初鳳陽人嘉靖中知山陰年少而敏訟牒盈案目視耳聽舉手落筆悉中肯窾絕無一雷同語

時當收會弊孔百出昺躬操筭簿防範精嚴飛詭頓革瀕海沙田凡千頃歲有獲而無徵額乃請於上躬往履畝而以無挨稅粮均其內民甚便之視事三年布利剗弊職務舉而公庭晏閑日與諸生考秇賦詩蓋前後諸令以文雅稱者必推昺焉

陳懋觀字孔質長樂人初知會稽數月政聲流布以憂去既除適山陰缺令邑人願得懋觀遂改知山陰爲人悃愊無華不衒名不騁才智而廉靖寬和始終如一蔬食布袍淡若寒士順民好惡賦緩訟簡時當葉令貪虐之後士民如獲更生嘉靖中循吏以懋觀

爲晁徵拜給事中去越人至今思之有祠在卧龍山麓惜配享者殊不類云

應佐江都人自少以志節聞鄉有妖佐爲辨怪文以禳之妖遂息用貢入太學適

武宗南巡佐抗疏勸迴駕禍且叵測而佐處之晏如以是天下稱其正氣及丞山陰清而有執以文學飾吏治遷高陽令去

鞠斌永樂初爲山陰簿性寬仁不施鞭朴而吏不忍欺蒞政數月庭無滯獄尋被徵擢

陽春洪武中尉山陰清勤有幹局晨起視事日晏未

罷唯啜糜而已隆冬無衣長官以衣衣之受而不服其介如此至永樂初有尉黄昇者四會人廉謹不下於春訟平事集人咸惜其位不稱才云

岑子原南海人永樂初爲錢清北壩官廉介勤敏役夫饋酒肉者悉卻之敝袍蔬食處之怡然政暇必兀坐讀書人謂子原不卑其官而清操獨立使位高而愈貪者聞之可愧死矣

戴鵬字鵬舉信都人至正末尹會稽清謹有器識洪武初仍知會稽惠政益孚時湯信國軍四明趣郡縣供饋期甚嚴鵬率民步行往餉日晡饑甚從者進餅

卻不受擲道旁水飲之一日休縣廨忽雷震火延書牒左右驚仆鵬神色自若徐曰撲滅之其度如此及秩滿民不忍其去相與留其鞾 祀名宦見一統志

王宗仁延平人洪武初知會稽以廉能稱吏民畏懷秩滿去父老擁留幾不得行 祀名宦見一統志

凌漢字斗南河南人洪武初以秀才舉至京獻烏鵲論 上悅授司經局正字未幾出知會稽寬簡仁恕愛民如子以詿誤繫按察司獄 上知漢無罪命械按察使陶晟與漢俱來至即拜漢監察御史每有論奏 上輒稱善尋改左贊善歷右都御史漢不受私

遺面折人過人亦以此忌之邑志謂漢病卒會稽今據浙江通志正之

鄒魯鳳陽人洪武中爲會稽典史釋滯理寃輕刑緩役招集流亡黎庶樂業父老奏魯治績擢知本縣後爲豪家所誣逮至刑部事直　上嘉其守擢大理丞

曾昂合州人正統末知會稽慷慨任職嘗曰爲民父毋而使一民不得其所吾職未盡也於是勞心撫字威惠並行邑稱大治

陳堯弼字秉鈞大理人弘治初知會稽其政務興利補弊尤注意於學校爲闢地置田性復剛嚴不畏强禦時中貴出鎮者張甚及至弼遇之無加禮歛跡而

去

張鑑字汝明南充人嘉靖中知會稽時縣中匿稅與畝以萬計賠者苦之鑑請履畝一稅經歲稷食田野中迨訖事民大稱便商旅苦濫榷鑑又請裁冗署凡五所守介政寬不妄取一物不妄撻一人而所舉悉久遠大計被徵去縣服御蕭然未幾民爭祠之歷官南儲都御史鑑之後有古文炳番禺人清介方嚴與鑑相伯仲同時令山陰者方蘢怨於民乃有古君子葉小人之謡以毋喪去徒跣出郊哀號欲絶見者愴動邑人並鑑祠之額曰雙清焉

陞平益都人永樂二年丞會稽政尚寬和輕刑緩賦民共戴之

張懋洪武初知蕭山重農恤民尤注意湘湖水利爲圖記刻石至今尚存

張崇建安人永樂初知蕭山時方營建宮室供需煩擾崇隨宜應荅而上不失事下不勞民民甚德之

蘇琳山東人初爲御史出知蕭山蕭山歲貢櫻桃每令中官採取多索常例琳抗不與遂與中官相格逮械至京　英廟問曰爾何爲格我内官對曰朝廷以口腹殘民内官以威勢虐朝廷命吏臣是以抗之

士歎曰直臣也薄責之今還職琳曰臣田宜受責但使櫻桃復貢蕭民死過半矣自是蕭山得免櫻桃之貢

李鞏武陟人成化間知蕭山會潮突新林塘漂溺無算鞏補築堤岸掩殣恤饑不遑寢食民賴以安

朱栻字良用崑山人成化末知蕭山爲政切于愛民催科不擾開濬湘湖豪强屏迹立丁田法頒行諸郡邑利澤甚溥徵拜監察御史祀名宦

王聘字念覺利津人嘉靖中以給事中言事忤旨謫知蕭山廉不炫名簡不踈物馭吏撫民威惠並著尤

宄心水利纂修圖志居蕭僅一期邑人至今稱之

施堯臣字忠甫青陽人嘉靖中知蕭山有幹才遇事刃解甚得民譽邑自初建以來無城先是屢經海寇始議築城竟莫能就堯臣至之明年海寇大至他邑無城者被禍尤慘乃力請築城相度地形鳩工聚石晝夜督率不數月而城成周圍凡十里堅厚周密屹然一方保障云績聞擢吏部主事後寇屢掠縣境城市晏然歌頌不已

黎清安吉人洪武末丞蕭山清慎公勤民甚愛之清之後有丞熊以淵靖安人勤慎明察人不敢干以私

正德中有丞阮璉南陵人清操著聞三載如一蕭山良吏必稱三丞焉

陳公達清江人洪武初知餘姚廉謹慈愛務以德化導不任威刑察民所疾苦力與袪刷時田籍新附役法不均乃稽僞覈實定爲三等倣前人造鼠尾冊凡過差役必與冊準無一人不稱平者後卒于官百姓皆哀痛焉　明興姚之賢令以公達爲稱首

都祖字文達海豐人以太學生知姚爲人謹廉勤敏好禮士數過髙士張一民所延佇盡日張具蔬菜糲飰祖飲食之極歡治縣號得體百姓親附之相與假

貧時當永樂初營建北都追督材需者旁午郡縣多擾姚獨恃昶無擾然昶卒坐稽慢譴逮民爭輸財願還昶昶還謝曰以昶故累吾民也民以此益思之昶終九年去吏胥莫能鉤致一錢然亦不笞辱吏以故吏無怨者昶瀕行民爭留其靴懸之舜江亭後有見昶靴墮淚者

張禧字公錫靈璧人天順初以御史謫知姚喜簡靜不務苛細其御百姓甚者恩禮獄訟造庭者令具衣冠來曰子見父母豈得廢禮耶即不肖此獨有法耳為縣數月德化大行逃亡者復業以尤異擢守杭州

父老遮道留不可得皆號泣送至錢塘者千餘人

劉規字應乾四川人成化中知姚凡所推行務當群情監司或左其事規持之弗變時中官暴横誅求入民骨髓有司不能抗規獨挺身當之中官聞規素清白無悍卒不敢虐其民辛夘海溢大饑疏蠲其租賑貸之尋以憂去百姓至今思焉其後有賈宗錫張弘宜者相繼爲縣與規並稱宗錫字原善常熟人弘宜字時措華亭人　規祀名宦

胡瀛字孟登羅山人成化中知姚是時日本夷入貢所至騷動瀛多市瓦器實魚菜糗粮至即人與數器

吏得飽殊懽已輒就道歲饑發廩以賑全活甚衆奏免田租已賜之半復請折所不免者又許之乃監儲督折銀急甚瀛罷弗徵坐奪俸又弗徵其明年有秋民爭輸恐後無一逋者瀛平徭息訟每詘豪右蒻人人畏悅以憂去百姓思之爲立碑焉祀名宦

張讃字宗器六合人由鄉貢知姚爲政平易簡靜務爲惠愛正德壬申秋海溢溺民浮屍蔽江讃流涕躬率人瘞之其免於溺者皆凍餓不勝讃力請賑恤當路猶督稅如故讃俟其行縣率饑民路號請貸無異家事稅乃獲免然卒以此迕當路得調去

丘養浩字以義晋江人正德中知姚才識閑敏黠胥莫能爲奸視義勇發蹇蹇不移旌善良抑豪横民皆知所勸戒時姚賦役多奸欺養浩洞見弊源乃定爲撗總冊釐正之最稱均平擢監察御史去民思之至今祀名宦

金韶字子善太倉人嘉靖中爲姚丞天性温良政有條理吏奸不行民稱頌之初縣令顧存仁纂邑志未就被徵去韶克嗣其美志賴以成居六年遷知長汀

張勛歸德人成化初以吏除姚簿事毋以孝聞居官廉潔不取民一錢海溢堤壞率衆修治多稱其功又

弘治中有簿劉希賢宣城人性狷介不以家累自隨遇事有執持毋與上官抗至死無悔死之日篋中惟存俸餘五錢帕二方而已官爲殮其喪歸之

趙允文鄆城人洪武初知上虞時瘡痍甫定允文招撫流散差定賦役民樂更生

鄭行簡字汝敬歙人永樂中知上虞爲政務抑豪右恤窮乏治興梁興學校百廢具舉御史尹崇高行部號嚴厲獨賢行簡嘗問郡守屬令孰優守對曰惟鄭某清介任事但氣大耳崇高歎曰人患不能氣大氣果大則當充塞宇宙而可以是病之邪乃考行簡爲

諸令晁同列遂交忌之競爲蜚語詆行簡行簡乃飄然乞歸邑人攀留不得灑泣而別

陳祥字應和高安人弘治中知上虞臨政嚴明人莫敢干以私歲饑旣按口施賑復請於朝得內帑金以繼之仍蠲秋糧十之七他邑流徙者爲煮粥僧寺食之遠近賴全活者甚衆又嘗刻鄉約與民更始遇諸生有恩禮咸懷感奮甫期年以憂去老幼泣送百里外語具邑人賈暹去思記中　祀名宦

汪度字洪夫績溪人以鄉貢知上虞天性朴醇自奉過儉衣至十澣不易朝夕惟豆羹一盂而事毋則極

豐腆民有賣犢以償其俸者廉知之遂峻卻不受命歸贖其犢或有犯必以理諭再三未嘗輒加鞭撻然民亦不忍欺也正德初逆瑾弄權誣以薦賢受賂當贖罪落職槖如縣罄民爭助不許卒鬻故里之田以輸去之日士民擁留不獲號泣而返爲樹碑頌德屢燬屢建其得民如此 祀名宦

楊紹芳字伯傳應城人嘉靖初知上虞好興剔利蠹改運河拓學地修築海塘治績甚著擢御史去

鄭芸字士馨莆田人嘉靖中自松陽更上虞守潔而練於才孜孜治理縣舊無城芸始議築之裁處得宜

民不勞而事集後倭夷三歷虞境竟不敢犯又築瀝湖蓄水濟旱開瀝河便民通商豪右侵三湖妨水利芸爲厲禁每歲刈禾備賑且刻石示永遵焉尋召拜御史比卒民祠祀之

李邦義字宜之廣東連州人嘉靖中知上虞時督府禦倭海上悍兵往來驛騷邦義委曲籌應即受侮不侮民賴以安其爲政嚴明而不苛察待士有禮處民事如家事務不拂其好惡召拜給事中

欒鳳字秉德高郵人至正末知諸暨州及我兵下諸暨仍以鳳知州事廉謹愛民拆起文教時州民知附

軍士下鄉索粮民不勝擾鳳乃置倉出納上下便之院判謝再興謀叛以兵脅鳳鳳不屈刃加頸氣益厲鳳妻王氏以身翼蔽皆死之祀名宦

田賦字立夫莆圻人洪武初知諸暨時兵燹之後官吏皆寄宿民家賦夙夜經畫招撫流散墾闢草萊典起學校無不竭心而營建亦稍備焉祀名宦

張貞姑蘇人洪武末知諸暨性鎮重廉介是時縣始去兵民稍營聚而湖山間土最瘠異時賦重皆棄不耕元知州馮翼力請蠲賦乃始佃墾至是司國計者欲履畝升科百姓憂懼貞持不可以身爲請乃得減

其賦額至今賴之　祀名宦

熊禮臨川人永樂初知諸暨清慎恪敏詳於治體使者抵金澗山取金民皆閧擾禮與府判董瑛極言山本無金前時淘采無獲不可復啓禍階使者按視得實事遂寢民甚德之　祀名宦

吳亨字道夫鄆城人永樂中知諸暨清介方嚴悉心撫字縣湖田堤壞頻年苦潦亨疏請築堤遏防堅固水不能嚙民享其利尋以目青免官貧不能歸遂寓安俗鄉卒而葬焉民率錢表其墓曰清廉縣令吳公墓　祀名宦

張鉞河南新安人正統末知諸暨在官訟清徭省飭學宮易浮橋凡所建置皆遠猷大利會括蒼盜起轉掠隣縣且逼暨境而暨東南鄙有葉大山當婺越界上居民葉氏盤據其間素横不奉法遂將應盜爲變鉞晝夜訓練捍盜於外潛率義士黄叔威蔡守朱等夜擣葉氏巢殲醜奔散盜不敢復窺縣賴以安祀名宦

潘珍字玉卿婺源人弘治中知諸暨時縣事久廢案牘叢委珍尚少年而摘發奸伏過於老吏旬餘百廢具舉尤砥礪廉隅迄無敗事官至刑部侍郎祀名宦

朱廷立字子禮通山人嘉靖初知諸暨恢廓有守愛

民禮士皆出欵誠先是縣有額外長短差歲費民財八百兩廷立爲蠲除之山會二縣築海堤其費每泒及於暨廷立執不可曰居民守土各有分域禦捍患從其封疆山會之堤而暨與修之暨亦歲有湖堤之役可以煩山會之民乎郡是其言爲罷之作訟誡勸諸石諭民無相告訐置鼓於獄囚有所苦令擊以聞後遷監察御史官至禮部侍郎

蕭九萬江西南昌人洪武末爲暨丞慱學能詞翰嘗書容忍思慮四字疏其義揭門屏間百姓以訟至者必諄諄以是誨之後遷知華亭疏民弊五事忤旨被

逮臨刑囓指血寫詩報母有徵臣斬首丹心在尚有英魂返故鄉之句

史子疇洪武初爲暨簿剛介有才事至立斷見名宦

高孜洪武初知嵊涖政敏明愛民如子及卒邑民莫不悲號相率塟之北門外星子峰下歲時祀之

譚思敬永樂間知嵊其爲政先教化每以孝弟格言告諸耆老使歸訓其子弟於是縣民嚮風無少長皆呼爲孝譚云九年秩滿民懇留之復任九年愛嵊山水遂家于禮義鄉子孫世爲嵊人

徐士淵定遠人正統初知嵊時值旱蝗力請於上得

米八百石以賑已而歲饑憂皇成疾遂卒于官橐無餘金百姓哀之

許岳英潮陽人成化中知嵊清慎警敏其爲政以風俗教化爲急當春出郊勸農舉行藍田鄉約崇獎節孝令諸生習射於射圃又開社學教民子弟嵊田土多詭冐賦役不均特爲丈田均賦宿弊一洗蓋曠然稱能吏云

臧鳳曲阜人弘治中知嵊重農恤民摧抑豪右鎮撫郭榮者素奢結權要至是有犯訊者咸推避莫能决鳳承檄立訊之竟寘於法城南舊惟土隄洪水一至

則嵊隄漂屋屢爲民患鳳乃相基壘石周遭若干里長隄屹然迨嘉靖乙卯知縣吴三畏築城隄上水不能嚙皆鳳力也官至南京兵部尚書　三畏莆田人也嵊舊無城自三畏始建時倭夷方充斥經始倉皇晝夜勞瘁城始及半賊自天台来望見燈燎燭天呼譟動地以爲大兵遂宵遁及城成賊復至三畏乘城守禦賊不能犯嵊人德之謂有保障之功焉

譚松德化人嘉靖初知嵊簡靜和易一意拊循百姓有譚外公之稱

林森侯官人嘉靖末知嵊其奉母至孝嘗語人曰始

吾幼時母憂吾不得長今長矣又憂吾老吾何以慰母唯當爲好官耳舊有粮長常例金森至首革之郎修衙公費亦不受其政每恤困窮抑豪右定圖均役吏胥束手然不能曲意上官竟坐調象山瀕行止餘贖金數十發修鼓樓行李蕭然里老醵百金爲贐森曰必橐中無一錢我心始安卒不受去上官署其考曰氣高如山心清若水人以爲知言

王伯當壯直隸人正德中爲嵊丞持身清白請託不行居官數載如一日遷縣令去嵊人繪冰壺秋月圖以贈又隆慶初有簿吳祺其廉潔剛介與伯當並稱

卑官若此固難况當近世尤足爲麟鳳云

周文祥淮安人洪武初知新昌縣當亂後官廨民居悉燬于火文祥廉明剛决次第脩舉靡不周備遷判杭州卒塟新昌子孫因家焉　祀名宦

賈驥泰安州人繼周文祥知新昌廉謹寬平民有訟不决者驥乘一騎親往斷之袖懷數餅以充饑民來餽餉悉無所受公暇則召諸生講學諸吏讀律役夫灌蔬每日兩飡唯菜粥而已在任九年政化大行遷刑部主事去百姓遮道挽留哭聲動地　祀名宦

竹按一統志載本朝紹興賢令止戴鵬王宗仁崔東王畚器賈驥五人耳其他賢令若邑志所稱

者寧可一二數而此五人者要未見其逈然於諸
人之上也然則身後之名其眞有幸有不幸耶

唐夔全州人弘治中知新昌每聽獄洞燭幽隱時稱神明涖政三月庭無留滯訟有理屈惟畧加朴抶不傳罪立案曰倘有未直俾可他理又省事節費奸弊盡洗吏胥多辭去未幾以忤上官調東陽民涕泣送之後訟有不理者或走東陽就決焉

佟應龍淮安人嘉靖初知新昌縣病賦役不均龍下車詢知其狀亟爲平圖里汰冗濫又晉劑量短長矯偏救弊意在佐貧弱抑富強而不露聲色有請託者初不峻拒而臨事一斷以理又未嘗曲徇也以是士

民無强弱咸德之至今父老稱某事善必曰佟侯佟侯云祀名宦

曹天憲字恒卿浮粱人嘉靖中知新昌性剛直不習脂韋異時縣官公出必携坊廂盛包苴廣爲餽遺及祭祀宴飲務極侈靡憲至躬先節儉一切罷省之不携家累每延諸生至寢室蔬食相對蕭然如寒士著賦役成規勒之石縣阻山民苦夫役爲言當路悉從裁損即取怒貴要不顧一監司過縣首問沃洲天姥憲正色對曰山不在高有仙則名今仙去矣止荒山耳監司慙而止歲大旱布袍芒屩行禱烈日中出舍

僧寺凡閱月望見枯槁即泫然淚下爲文責城隍至欲自焚以謝百姓已而雨浹歲登民歌詠之遷兵部主事官至四川參議祀名宦

宋賢字及甫華亭人嘉靖中繼天憲爲政一一遵其約束風裁或稍讓而精密過之庭無滯獄人服其明邑田賦多飛灑偏累不均會監司下令覈田賢精于勾股法乃教民履畝度田時時乘肩輿上下山阪躬較量之期月事竣乃編爲經緯二冊一時弊絕賦均至今稱便其天性廉潔終始不渝民以曹宋並稱召拜御史祀名宦

萬鵬字雲程武進人嘉靖中自松陽改新昌性廉介明習吏治尤精律令常曰吾訓士惟一經治民惟一律耳時倭夷自天台突至邑舊無城民皆倉皇奔避賊既去鵬乃决議築城度方廣量丁土聚石鳩工使分築之間微服往視察其勤惰而賞罰之民爭効力踰年而城成然以是晝夜勞瘁竟卒于官室無長物民哭之如喪慈父焉祀名宦

侯祖德無錫人正德末以國子生丞新昌雅有志操時兩衙薪馬皆私倍其額祖德于本額外毫不敢加署縣事廉靖愛民時稱不擾有冤獄力爲雪之侃侃

不避也擢知江山終太僕寺丞祖德與佟今相後先民德之肖像西郊與佟並祀

曾衍字伯曼廬陵人性嗜學工詩文洪武初爲新昌簿勤惠廉潔甚著聲稱政暇輒與邑中高士相唱和所刻有濮泉稿鋟册記邑人至今重之祀名宦以上皆縣職

王俊華天台人洪武中教授府學時干戈甫定人未知學俊華正己率物誨諭詳懇旦夕督功課若父兄之於子弟時分俸以資不給者後官太子賛善戴冠云自國家設教以來文學行誼無出俊華右者見通志

梁致育廣東人永樂中爲府學訓導明春秋貫穿子

史勤於啓迪弟子受其業多成名者

梁以衛字仲房新會人嘉靖丁未自廬陵諭遷紹興教授爲人美丰儀寡言笑動止必以禮居常恂恂若無能者及道義所關毅然必往即賁育弗能撓也教諸生務敦實行頒示科條令中人皆可遵諸生有窶甚不能婚喪者輒捐助之或抱冤抑必奮往力救然約束甚嚴稍有違犯即高等貴胄必加訶讓不少假倘其知改又輒煦煦進之無終疾也以是諸生得其喜則欣然以爲榮得其怒則赧然不勝恥其持身甚介一毫不妄取主試山東供帳餽贐一無所受當路

知其賢檄署縣事亦堅辭不往曰越俎代庖吾弗能也毋以母老乞歸養當路不許久之遷知連城甫閱歲竟棄官奉母人益高之去越三十年諸生追思不已爲勒石頌德焉

何樵字子野長洲人永樂初爲山陰教諭時春秋寡傳授諸生鮮業之者樵盡攄其所得爲學者詔述其傳遂不泯諸生思慕之稱何夫子云

譚璋臨桂人正德中教諭餘姚爲人素長者喜教誨諸生敦師弟之義義之所在恒恐其不篤其於利耻言之諸生貧不能存者必曲爲賙助後以憂去諸生

追送之人人泣下祀名宦

馬慶淮安人成化間掌教上虞律已嚴教人懇懇嘗置諸生於各號給以油火蚤夜督課之既三年業皆大就前此科第甚希迨丙午聯舉六人自是彬彬寖盛矣

袁時億東安人洪武末掌教諸暨先是學官多辟用鄉儒至時億始從銓選具冠帶備儒官之儀而時億深經術善文章喜誘進諸生孜孜不倦時國法嚴峻人皆以田里爲安驅之就學輒逃匿及時億至乃樂從之遊時億著忠臣孝子輔相守令等篇與子弟論

說謂得其義謹行之天下國家可幾而理云

甯欽字宗堯衡陽人正德中掌教諸暨莊重慷慨以豪傑自許待諸生恩意欵洽隨其材質爲科條以督之終始無倦有好學而不能昏喪者輟月俸爲助俗昏喪無制欽爲繪六禮圖不時陳肄學宫令衆觀覽暨士自是稍知禮六年召爲監察御史

尹一仁字任之安福人嘉靖中爲暨諭學有師傳喜接引後進初至即教人以致知求觀本體諸生譁然久之見一仁事事反躬約己取與辭受必要諸義始翕然信之時紫山書院初成一仁爲諸生陳布科條

作止進退坐卧詠歌皆有節度嘗著求放心説一時傳爲名言六年遷工部主事

王天和永豐人嘗遊鄒聶兩先生之門刻意問學歷訓諭居嵊數年諄諄以禮誨導諸士著全禮集要使遵行之修邑志未就遷去

周坤福州人嘉靖中教諭新昌爲人直躬博覽凡諸儒疏解靡不通貫每爲諸生講説亹亹不倦務以清苦自立不屑俯仰上官冬日猶衣單衣曰吾冷官不宜太煖士能忍饑寒乃可不失已其論議如此稍有餘輒斥以周窮乏者蓋自近世來學官口不言利能

訓士得師儒體無如坤者後遷國子助教

王受益字子謙郡人洪武中舉明經爲山陰訓導淹貫經史尤邃於春秋善指授多所發明嘗病傳註煩蕪或失作者本指乃取諸家疏義折衷之衰爲春秋集說後召入翰林校書受益與韓宜可薛正言先後典學于鄉至今鄉校頌述之

彭英字育之萬安人嘉靖間訓上虞天性樸醇襟懷踈曠其於勢利澹如也潔己端範甚得士心越三年以疾去諸生送别於曹娥無不泣下至今猶追思之

李永字懷永蕪湖人成化初訓諸暨性度端凝無支

詞僞行抑浮振之終如其始居五年卒諸生爲祠祀之

吳元亮仙居人洪武間爲嵊訓沉靜方嚴動必以禮講明正學以開後進及卒與僚友諸弟子訣整衣拱手端坐而逝

許敎賢字子官莆田人嘉靖中訓新昌喜誦說仁義論難經旨辨註疏異同津津不厭口未嘗言利視諸生貧者尤加意恤之歲時餽遺輒弗受諸生有終喪而以幣見者歎曰吾聞禮尚賵賻哀有喪也吾未之能行而又有受於子乎亟麾去署縣事乃以贖金置

學田若干畝其律已甚嚴而與人甚恕人稱長者去之日爲立碑志思云　以上皆學職

紹興府志卷之三十八

紹興府志卷之三十九

人物志五

寓賢

在昔文獻之盛必曰中原自晉之東宋之南鑾輿既遷而衣冠從之東南文獻始甲於四方矣吾越多佳山水賢人達士往往携其家而家焉雖天下大亂而觴詠巖壑身全而名永其流風至今可想也古者思其人則愛其甘棠而不忍翦伐焉況其終身之所居處而游衍其子孫猶有供伏臘而振簪纓者乎是不可無志也志之曰寓賢

漢梅福字子真九江壽春人少學長安明尚書穀梁春秋爲郡文學補南昌尉成帝時王氏浸盛災異數見群下莫敢正言福以孤遠屢上書譏切王氏帝不能用遂棄官歸壽春常以讀書養性爲事元始中王莽顓政一朝棄妻子去人傳以爲僊其後有見於會稽者變名姓爲吳市門卒云今山陰有梅山梅市梅里

吳羗平帝時隱居耕作王莽居攝攜妻子隨梅福隱吳門徒烏程餘不鄉後人名其所居曰吳羗山

袁忠汝陽人安玄孫也與同郡范滂爲友同陷黨獄

得釋初平中爲沛相秉葦舟到官以清亮稱及天下亂棄官家上虞後徵爲衛尉未至卒子秘擊黃巾賊戰死詔旌其門時同死者七人號七賢

許靖汝南人舉孝廉與從兄邵俱有人倫臧否之鑑董卓之亂去隱會稽後仕蜀累官太傅司徒

陸瑁字仲芳毗陵人明京氏易尚書風角星筭皆精辟主簿視事旬日謝病隱會稽

蔡邕字伯喈陳留人漢靈帝時爲議郎上封事忤中常侍邕與家屬鉗髡徙朔方會赦還王甫弟智守五原餞之邕不爲禮智銜之誣以怨謗邕迺亡命江海

遠跡吳會嘗經會稽柯亭見屋椽竹取以爲笛聲韻奇絶又書曹娥碑陰八字即其時也

桓曄（一名嚴或作儼）字文林龍亢人榮五世孫仕郡爲功曹舉孝廉方正皆不應初平中避地會稽止故魯相鍾離意舍越人化其節閭里不爭訟太守王朗給服食牛羊悉不受

孔潛本宣聖十七代孫漢末爲太子少傅避地會稽遂世爲郡人孔道隆孔覬皆其後也

三國

劉綱字伯經下邳人初居四明山及爲上虞令政尚清簡比歲豐稔慕漢葉令王喬乃受道於白君飄

然有遠舉之意遂家餘姚

晉許詢字玄度高陽人父皎爲會稽內史因家焉詢有才藻善屬文能清言與太原孫綽齊名隱居不仕徵爲朝議郎不就築室永興之南山蕭然自致乃號其岫曰蕭然山一時名士無不欽慕劉惔嘗曰清風明月恨無玄度後終于剡山

戴逵字安道譙國人不樂當世以剡多名山因居剡少博學好談論善屬文以禮度自閑深以放逸爲非武陵王晞聞其善鼓琴使人召之逵對使者破琴曰戴安道不爲王門伶人邪孝武帝時累召辭父疾不就

郡縣敦逼不巳乃迯於吴會稽内史謝玄慮逵遠遁不返上疏請絶召命帝許之逵復還剡後王珣爲尚書僕射復請爲國子祭酒竟不至所著有五經大義三卷纂要一卷竹林七賢論一卷文集十卷别傳一卷

王羲之字逸少本瑯琊臨沂人司徒導從子也少有美譽朝廷公卿皆愛其材器爲右軍將軍會稽内史雅好服食養性不樂居京師初渡浙江見會稽有佳山水名士多居之即有終焉之志時孫綽許詢支遁輩皆以文義冠世並築室東土與羲之同好嘗修禊

山陰之蘭亭觴咏竟日自爲序書之爲古今勝事晉祚中替重以敦峻鼓亂羲之自負經濟知時事不可爲遂稱病去郡於父母墓前誓不復仕遂與東土人士釣弋採藥盡山水之樂嘗遺謝萬書有曰古之辭世者或被髮陽狂或汚身穢迹可謂艱矣今僕坐而獲逸遂其宿心豈非天幸頃東遊還修植桑果今盛敷榮率諸子抱弱孫游觀其間有一味之甘割而分之以娛目前雖植德無殊邈猶欲教養子孫敦厚退讓彷彿萬石之風志願畢矣子七人徽之操之獻之最著留家山陰遂世爲山陰人

謝安字安石其先陳郡陽夏人自祖衡寓居會稽遂爲越人父裒太常卿安少有重名初辟司徒府除著作郎並以疾辭居會稽東山與王羲之許詢支遁游處出則漁弋山水入則言詠屬文無處世意除尚書郎瑯琊王友並不起有司奏安被召歷年不至禁錮終身遂棲遲東土每游賞必以妓女從簡文帝時上相曰安石既與人同樂必不得不與人同憂召之必至時安弟萬爲征西中郎將總藩任之重安雖處衡門其名出萬右及萬黜廢安始有仕進志時年四十餘矣桓温請爲司馬甚見禮敬尋除吳興太守在官

無當時譽去後爲人所思頃之徵拜侍中遷吏部尚書中護軍簡文帝疾篤溫上疏薦安宜受顧命及帝崩溫入赴山陵止新亭大陳兵衛將移晉室呼安及坦之欲於坐中害之坦之甚懼問計於安安神色不變曰晉祚存亡在此一舉既見溫坦之流汗沾衣倒執手版安從容就席曰安聞諸侯有道守在四鄰明公何須壁後置人邪溫笑曰正自不能不爾耳遂笑語移日坦之與安初齊名至是方知坦之之劣時溫威振內外人情恟恟安與坦之盡忠匡翼終能輯穆及溫病篤諷朝廷加九錫使袁宏具草安見輒改之

由是歷旬不就會溫卒錫命遂寢尋詔安總關中書事安義存輔導不存小察弘以大綱中外賴之嘗與王羲之登城悠然遐想有高世之志羲之謂曰夏禹手足胼胝文王旰食不暇今四鄰多壘宜思自效而虛談廢務恐非所宜安曰秦任商鞅二世而亡豈清言致患邪是時宮室毀壞安欲繕之尚書令王彪之等以外寇爲諫安不從竟獨決之宮室用成皆仰模玄象合體宸極而役無勞怨帝始親萬幾進安侍中都督諸軍事時苻堅强盛疆埸多虞安遣弟石及兄子玄等應機征討所在克捷封建昌縣公堅後率衆

號百萬次淮淝京師震恐加安征討大都督玄入問計安答曰已別有旨既而寂然玄不敢復言遂命駕出山墅親朋畢集方與玄圍棊賭別墅安棊常劣於玄是日玄懼便爲敵手而又不勝遂游陟至夜乃還指授將帥各當其任桓冲請以兵入援安辭卻之玄等既破堅有驛書至安方對客圍棊看書既竟了無喜色客問之徐曰小兒輩遂已破賊以總統功進拜太保更封廬陵郡公安方欲混一文軌上疏求自北征乃進都督十五州軍事加黃鉞安雖受朝寄然東山之志始末不渝每形於言色及遇疾悵然謂所親

曰昔桓溫在時吾嘗懼不全忽夢乘溫輿行十六里見一白鷄而止乘溫輿者代其位也十六里止今十六年矣白鷄主酉今太歲在酉吾病殆不起乎乃上疏遜位尋薨時年六十六帝三日臨于朝堂賜殯具甚厚贈太傅謚文靖安兄奕弟萬石子琰從子玄並爲晉名流家會稽奕爲桓溫司馬狂誕不羈溫每屈意容之歷豫州刺史萬器量不及安而善自衒燿簡文帝召爲從事中郎每着白綸巾鶴氅裘而前共談移日後亦爲豫州刺史石琰玄同破符堅自有傳

孫統字承公中都人馮翊太守楚之孫也與弟綽及

從弟盛避亂過江家于會稽性誕任不羈而善屬文嘗爲鄞令轉在吴寧居職不屑碎務縱意山水間歷窮名勝後爲餘姚令縣内大治卒於官子騰以博學稱位至廷尉騰弟登善名理注老子仕至尚書郎盛著晉春秋盛曾孫康嘗映雪讀書仕至御史大夫

孫綽字興公與兄統皆博學善屬文綽遊放山水十有餘年乃作遂初賦又嘗著天台山賦初成以示友人范榮期曰卿試擲地當作金石聲也内史王羲之引爲右軍長史桓温欲移都洛陽朝議不敢異綽獨上疏温不悦曰致意興公何不尋君遂初賦知人國

家事邪綽少以文才著稱於時温王郄庾諸公之薨必綽文然後刊石焉

阮裕字思曠陳留尉氏人僑居剡縣累辟不就即家拜臨海太守少時去職後除東陽太守尋徵侍中皆不就還剡山有肥遁之志或問裕曰子辭徵聘而宰二郡何耶裕曰雖屢辭王命非敢爲高也吾少無宦情兼無拙於人間既不能躬耕自活必有所資故曲躬二郡豈以聘能耶自資耳年六十三卒葬剡山子寧孫萬齡世居剡並列顯位永初末萬齡以侍中解職東歸稱一代高士

南北朝孔淳之字彦深魯人居剡性好山水每有所游必窮幽峻或旬日忘歸會稽太守謝方明苦要之不能致使謂曰苟不入吾郡何爲入吾郭淳之笑曰潛游者不識其水巢栖者不辨其林飛沉所至何問其主終不肯往茅室蓬戶庭草蕪徑惟床上有數帙書元嘉初徵爲散騎侍郎乃逃于上虞界中家人莫知所在

江淹字文通考城人少有文名位至金紫光祿大夫後寓居永興今江寺其故宅也

杜京産字景齊錢塘人少與同郡顧歡同契於始寧

東山開舍授學劉瓛入東與之游曰杜生當今之臺
尚也永明十年徵爲奉朝請不至乃隱於餘姚日門
山聚徒教授建武初徵爲員外散騎侍郎不就卒
顧歡字景怡鹽官人六歲時父使驅雀田中歡因作
黃雀賦不復顧雀食稻過半貧無所受業竊聽隣人
讀書悉記不遺後以經學開館受徒常百餘人僑居
剡縣有文義三十卷
褚伯玉字元璩錢塘人少有隱操寡嗜慾往剡居瀑
布山三十餘年隔絕交往齊高帝手詔吳會二郡敦
遣辭以疾上不欲違其志勅剡白石山立太平館居

之
何胤字子季廬江灊人仕齊至中書令以越山多靈異欲往遊焉乃賣園宅棄官去居若耶山初胤二兄求點並棲遁世謂何氏三高胤所居曰東山梁武帝踐祚詔爲特進不起有敕給白衣尚書祿固辭又敕山陰庫錢月給五萬不受乃敕何子朗孔壽等六人於東山受學胤以若耶處勢迫隘不容學徒遂遷秦望山山有飛泉迺起學舍即林成園因巖爲堵別爲小閣室寢處其中躬自啓閉僮僕無得至者及卒簡文帝爲誌其墓

辛普明字文達河南人僑居山陰少就闞康之受業至性過人居貧與兄共處一帳兄亡以帳圍柩蚊甚多通夕不得寢普明處之怡然及葬鄉人高其行爭以金賻後至者不復受人問其故答曰本以兄墓不周故不逆親友之意今葬費已足豈可利餘賵邪豫章王嶷領揚州徵爲議曹從事不就

顧野王字希馮吳郡人博學有至性天文地理篆隸占候靡不通貫侯景之亂倡義宣力城陷逃于會稽撰玉篇輿地志分野樞要續洞冥記諸書

【唐】司馬承禎字子微傳辟穀導引術隱居天台桐栢

山著天隱子武后時屢召不起開元中被召過新昌大悔今僊桂鄉有司馬悔山又有悔橋再被召賜號貞一先生先期告終忽若蟬蜕弟子歛空衣葬之

康希詵一名希僊嚴州人年十四明經登第歷海濮饒婺台睦六州刺史皆有異政顏真卿撰碑記其事開元初入計請老於會稽或曰希僊爲睦州刺史自州昇僊則誕矣

吴筠字貞節華陰人隱居嵩山玄宗召見與語悅之勅待詔翰林每開陳皆名教世務以微言諷天子天子重之懇辭還嵩山後以天寶亂僑居於剡

張志和字子同金華人十六擢明經待詔翰林後坐事貶以親喪遂不復仕築室越之東郭自稱煙波釣徒每垂釣不設餌志不在魚也著玄真子觀察使陳少游表其居曰玄真坊又為拓地大其閭號回軒巷陸羽嘗問孰為往來者對曰太虛為室明月為燭與四海諸公共處未嘗少別也何有往來志和舍圖山水或擊鼓吹笛舐筆輒成嘗撰漁歌憲宗圖真求其人不能致

方干字雄飛新定人工詩賦始舉進士有司奏干欽脣不可與科名干遂遯迹鑑湖蕭然山水間以詩自

放咸通中太守王龜知其亢直薦爲諫官召不就將歿謂其子曰誌吾墓者誰歟吾之詩人自知之誌其日月姓名而已及卒門人私謚曰玄英先生唐末宰臣奏名儒不遇者十五人追賜進士出身干與焉

朱放字長通襄州人隱於越之剡溪徵辟皆不就有詩一卷

羅隱字昭諫杭州新城人有詩名嘗說錢鏐舉兵討朱温曰縱無成功亦可退保杭越柰何交臂事賊爲終古之羞乎光啓中錢鏐表爲錢塘令歷發運使後寓居蕭山卒墓在許賢鄉

宋劉器之字安世元城人母石亞之之女也以故器之自幼遊學新昌之石溪義塾後官至諫議大夫謚忠宣

尹焞字彥明本洛人少師事程頤嘗應舉發策有誅元祐諸臣議焞曰噫尚可以干祿乎哉不對而出告頤曰焞不復應進士舉矣頤曰子有母在歸告其母母曰吾知汝以善養不知汝以祿養頤聞之曰賢哉母也於是終身不就舉靖康初用种師道薦召至京師不欲留賜號和靖處士及金人陷洛焞闔門被害焞死復甦劉豫以兵劫焞焞抗罵不屈夜徒步渡渭

潛去紹興八年除秘書少監兼崇政殿說書每當講日前一夕必沐浴更衣以所講書置案上朝服再拜齋於燕室高宗嘗語叅政劉大中曰焞學問淵源足爲後進矜式班列中得老成人亦見朝廷氣象乃以焞直徽猷閣留侍經筵復除權禮部侍郎兼侍講因極論和議之非又以書切責秦檜尋乞致仕其婿邢純迎養于越居二年而卒因瘞焉年七十有二所著有和靖文集十卷

羅從彦字仲素南劍人初爲博羅主簿聞楊時得程氏之學慨然慕之時爲蕭山令從彦徒步往從見時

三日即驚汗浹背曰不至是幾虛過一生矣久之卒
業學者稱爲豫章先生
陳傅良瑞安人登進士官至寶謨閣待制學者稱爲
止齋先生嘗館於新昌黄度家石吕子弟多從之遊
至今父老有談其遺訓者
宋延祖字嗣宗濟南人建炎南渡因家上虞紹興中
登進士尉於潛教授廣德除國子監主簿嘗言招軍
利害又欲重湖廣帥權孝宗甚嘉納之除起居郎兼
權給事中繳駁奏論無顧避未幾改諫議大夫兼侍
讀遷兵部尚書延祖以忠公受知不三年而登八座

亦自謂遭時遇主知無不言尋卒于官　祀鄉賢

于義朝字國賓處州麗水人登進士主光澤簿調紹興教授因家上虞嘗進易論十二卷高宗下其書國子監命典諸王宫大小學歷江東提舉罷歸所著有禮制五卷易說十卷誌頌書啓古律詩雜文共十五卷

程迥字可久祁家寧陵之沙隨靖康之亂徙餘姚孤貧漂泊年二十餘始讀書時喪亂甫定薦紳先生多寓錢塘迥授經學於崑山王葆嘉禾聞人茂德嚴陵喻樗其說具是矣自潤色之至深邃專門教授學者

稱爲沙隨先生尤好言易言易者人人殊然以沙隨爲宗註書百餘卷舉隆興初進士初尉太興遷德興丞終進賢令所至皆著異政然不究其施用朱熹稱其博聞至行追配古人釋經訂史開悟後學云

王銍字性之汝陰人寓居剡中善屬文不樂仕進讀書五行俱下藏書滿架銍既卒秦相子熺屬郡將索所藏書許官其子銍子泣拒之曰願守此書以死不願官也熺竟不能奪

李顯忠字君錫本名世輔綏德青澗人孝宗元年丐祠居會稽遂卒而葬焉初爲鄜延路兵馬紹興中自

西夏率衆來歸高宗召對便殿奬賚甚渥賜今名兀术寇邊會諸將戰於柘皐大敗之顯忠生長邊鄙熟悉虜情因上恢復之策忤秦檜意屏居台州久之金主亮入寇詔起顯忠爲池州都統與虜戰於大人洲督挫其鋒亮擁兵犯淮西王權敗走詔顯忠代之遂同虞允文大敗亮於采石復和州又復靈璧又復宿州中原震動會副將邵宏淵忮功不協唱言惑衆心士無鬭志師遂潰於符離顯忠嘆曰天未欲平中原耶而沮撓若此乃納印待罪責授團練使安置長沙徙信州後朝廷知其故復太尉歸老於會稽歲賜米

三千石顯忠生而神奇立功異域父子破家狥國志復中原未就而卒朝野惜之帝嘗奇其狀貌魁傑命繪像閣下謚忠襄

孟載本鄒國四十八代孫高宗時扈駕南渡授環衛上將軍卒贈太尉家諸暨夫槩里五世孫性當元末博洽有大志熟諳孫吳所著有雅齋集

倪思其先自青州扈駕南遷居吳興思於乾道二年中博學宏詞科官禮部侍郎兼直學士院晚愛浙東山水徙會稽遂家焉史稱思直辭劘士屢觸權臣三黜不變風節凜凜嘗博綜班馬之趣爲異同一書藝

林尚之

王俁字碩夫本宛丘人政和二年進士歷監察御史建炎初扈從南渡遂家餘姚召拜右司員外郎充舉其職紹興初命左右條具改正崇觀以來濫恩諸失職者爲飛語上聞免官復起爲兩浙轉運使遷户部侍郎劉豫寇邊詔經理儲峙用度豐給秦檜專國俁家居一十八年檜死起知明州歷工部尚書尋罷歸卒俁節行剛方爲中興名臣子逑自有傳

錢時字子是淳安人游楊簡之門紹興守某延寘郡庠講學發明人心聞者有得

曾幾字吉甫贛州人以兄蔭恩起將仕郎累官敷文閣待制立朝敢諫負氣不阿嘗三仕嶺表家無南物晚節猶重於人雖憸邪如湯思退猶以不得從遊爲恨早從舅氏孔文仲弟兄講學時諫官劉安世以黨禁人無敢窺其門幾獨從之遊避地衡嶽又與胡安國遊故其學益邃爲文雅正尤工於詩有經說二十卷文集三十卷幾初與兄禮部侍郎開徙家河南紹興末因官浙東卜居於越寄禹蹟寺未幾其子浙西提刑逮迎養於官卒平江歸葬山陰之鳳凰山詔贈左光祿大夫謚文清

張震字彦亨魏公浚五世孫自綿竹屢徙居歙乾道巳丑登進士歷院轄寺丞知撫州江西倉以不附韓侂胄罷歸嘉定初召爲郎遷右司郎官奉祠不復出時論以正人目之震娶會稽曾文清公女其子遠猷後爲紹興太守因家於越

言通字宗文本吳人文學子游之裔也咸淳二年以敷文閣學士知紹興悅其山川之秀遂卜居此鄉世爲山陰人

胡直孺字少汲高安華林人紹聖間擢進士爲編修營救元祐黨禍累遷工部尚書郎以龍圖閣學士知

洪州率兵禦金人於雍丘斬首千餘級已而兵潰見執在虜中聞京城失守大慟不已虜欲立異姓死爭之久得歸欽宗撫諭曰孤城久閉天下兵至者獨卿與張叔夜耳及張邦昌僭號嘆曰吾豈事僞主耶高宗即位亟赴行在所奏益虔吉戍兵改刑部尚書封開國伯奉勑治會稽攢宮因留焉未幾而卒葬雲門白水塘有西山老人集

韓肖胄相州人忠獻公琦之曾孫徽宗時賜同上舍出身建炎初爲工部侍郎條奏戰守計千餘言後以資政殿學士知紹興府尋奉祠與其弟膺胄寓居於

越事毋以孝聞卒謚元穆

謝翱字臯羽閩人也少倜儻有大節以文章名家元兵取宋文天祥開府延平翱傾家貲率鄉兵數百人赴難遂叅軍事天祥轉戰閩廣至潮陽被執翱匿民間流離久之間行抵勾越勾越多故家而王監簿諸人方延致游士日以賦詠相娛樂翱時出所長見者絶倒不知其爲天祥客也然終不自明遂結社會稽名其會所曰汐社期晚而信也嘗行禹穴間循山左右窺祐思諸陵北嚮哭東入鄞過蛟門瞰大海則又哭晚登子陵釣臺以竹如意擊石歌招魂之詞失聲

哭竹石俱碎有西臺慟哭記臺南白雲村方干故居也翺遊而悅之願即此爲瘞地作許劍錄又爲晞髮集既歿友人如其言葬焉以文藁殉從翺志也

林德暘字景熈温之平陽人咸淳中賜上舍釋褐進士歷泉州教授禮部架閣宋亡不復仕嘗寓越適楊髠發宋諸陵取其骨渡浙江築塔于宋內朝舊址棄遺骸草莽中人莫敢收景熈與同舍生鄭樸翁等數人痛憤不能已乃相率爲採藥行越上以草囊拾之盛以二函託言佛經瘞越山植冬青樹以志之而哭之以詩既而歸平陽尋爲會稽王監簿竹延致於是

往來吳越者二十餘年所著詩文有白石藁白石樵唱詳見攢陵下

鄭樸翁字宗仁平陽人咸淳中入太學賜上舍釋褐歷福州教授尋除國子正宋亡諸陵被發與友人林景熙等謀間行拾之語在景熙傳中既而歸隱薌山瀑下會稽王英孫延致賓館教授子弟二十餘年後以病歸卒于家林景熙誌其墓曰余與鄭公生同里學同師由長至老又同出處而公沈毅直方自許致君澤民志不獲遂猶以言語文字扶植綱常精衛填海憑霄銜土重可悲也所著有四書要指二十卷禮

記正義一卷雜著二卷曰續古有詩一卷曰厚倫皆精實並傳于世

家鉉翁眉州人以秘閣修撰充紹興府長史又爲浙東提刑元兵逼近郊鉉翁簽樞密獨不署降狀元帥欲縛之鉉翁曰中書省無縛執政之禮乃得免尋奉表使元被留以其節欲官之鉉翁義不屈三宮北狩鉉翁率故臣迎謁伏地流涕見者歎息文天祥女弟坐兄故繫獄鉉翁傾裝贖出之以歸其兄璧元成宗時放還年八十餘居於越與林景熙相唱和以壽終

忭按王長史綖紹興鄉賢贊有端明殿學士河南富公直柔考宋史直柔蓋鄭公之孫罷官家居與

蘇迓葉夢得諸人遊以壽終于家未嘗寓越不知王賛何所據俟更考焉

【元】戴時才字仲文鄱陽人丰度清雅喜賓客好施與至正間任兩淮帥府知事退居蕭山湘湖濵徜徉山水自號南坡老人

斡勒海壽字允常河南人後家山陰爲人剛正有志節拜監察御史劾奏殿中侍御史合麻及其弟雪雪罪惡直聲震中外官至浙東廉訪使

貢性之字友初宣城人泰甫從子也初以胄子除簿尉有剛直名後補閩理官元亡　高皇帝徵録泰甫後大臣以性之薦性之改名姓避居會稽躬耕自給

或勸之仕默不應卒門人私謚曰貞晦

王澤字叔潤天台人制行端謹善歌詩喜游覽足跡半天下晚寓居山陰江北里時方國珍據有台溫澤引領家山欲歸不得因寄友人詩有云洪濤如山老蛟怒白日江干塞煙霧偎山咫尺不得歸目送冥冥鳥飛去人已覘識其微意矣

皇明　劉基字伯溫青田人年十四通春秋能文章長務理學尤精於天文兵法舉進士丞高安議不合去隱居力學嘗遊武林西湖有異雲起西北座客以爲慶雲將分韻賦詩基獨縱飲不顧曰此天子氣應在

金陵十年後有王者起其下我當輔之方國珍反海
上省憲辟基爲行省都事基議方氏首亂宜捕斬行
省以請于朝大臣多納方氏賄准招安授國珍官駁
基擅作威福羈管紹興基發憤慟哭嘔血欲自殺家
人力沮之於是居紹興放浪山水以詩文自娛凡新
剡蕭暨諸名勝遊賞殆遍而盤桓雲門諸山最久具
有記已而方氏益横朝議思基言復起之基意不屑
卒棄歸著郁離子十卷　高皇帝兵下括蒼遣使來
聘遂間道詣金陵定計帷幄卒爲元勳第一人

高啓字季廸姑蘇人爲吳下詩宗元季避地蕭山後

還姑蘇仕至戶部侍郎其詩文有金鳴槎軒太史等集

蘇伯衡字平仲金華人流寓蕭山仕至翰林學士

王禕字子充金華人元季流寓蕭山與任原禮交最厚　洪武起爲翰林待制奉使雲南不屈而死贈學士謚忠文

邵伯正先世汴人宋南渡居高郵洪武初徙嵊由鄉舉爲南京戶部員外郎舍經賦出納惟允以廉能稱尋有令江浙人不得官戶部遂謝事歸杜門好書舍敦族明宗纂叙圖系刻俗爲之歸厚云

朱右字伯賢臨海人元至正末司教蕭山因家上虞之五大夫市通詩書博學好古後進多從之游洪武間宋濂薦入翰林歷官晉府長史所著有性理本原書傳發揮春秋傳類編三史鉤玄秦漢文衡深衣考邾子世家元史補遺歷代統紀要覽白雲稿行於世卒葬蘭風鄉

王廉字熙陽括蒼人與兄霖寓居上虞研窮經史善琴制風木吟洪武初用學士危素薦爲翰林編脩終陝西布政使所著有史纂四書註解三禮纂要書海通辯左氏鉤玄交山集迂論南征錄葬杭州西山塢

子
無名氏二人當永樂初一爲樵者寓耶溪日鬻薪兩束足食則已食已徃畫詩溪沙上畫已輒亂其沙人恠之一日忽從後持抱乃得讀其詩云夢入鵷班覲紫宸醒來依舊泣孤臣半生家國惟餘我萬里江山竟屬人無地可容王蠋死有薇堪濟伯夷貧伶仃苟活緣何事要了煢煢一點真一爲僧寓雲門寺不言其由每從一童子携茗具筆床泛舟四遊賦詩滿袖歸則焚之不留一字兩人者疑皆建文忠臣晦姓名而遯者也

紹興府志卷之四十

人物志六

鄉賢之一 列傳前

舉賢者而祀於鄉曰鄉賢、則凡有一才一德之稱於鄉者得不謂之賢哉、乃輓近世祀者未必賢賢者未必祀久矣其不可求賢於祀也、余爲茲傳於古則證諸史於今則質諸鄉評之必周然而無敢徇也核之必審然而無敢苛也、不以科第爲甲乙不以門地爲進退即列名之中而辭有詳畧指寓抑揚亦不以官爵爲軒輊若乃先後之序、則一以世次、各從其類而

無關於差等焉余不自量誠以爲矢心天日庶幾無愧矣知我罪我所不敢知也

漢賀純字仲真山陰人少爲諸生博極群藝三舉賢良方正皆不就復徵議郎数陳災害上便宜数十事多見省納遷江夏太守

鍾離意字子阿山陰人少爲郡督郵亭長有受人酒禮者府下記案考之意封還記言於太守侯覇曰春秋先内後外今宜先清府内且濶畧遠縣細微之愆覇甚賢之遂任以縣事舉孝廉辟司徒掾嘗部送徒詣河内冬寒徒不能行意移屬縣使作徒衣具以聞

光武得奏以示霸曰君所使掾乃仁於用心誠良吏也意遂於道解徒桎梏與尅期俱至無或違者除瑕丘令吏有犯法者既服不忍誅吏父謂其子曰無道之君以刃行誅有道之君以義行誅遂令進藥而死再遷堂邑令縣人防廣爲父報讐繫獄其母死廣哭泣不食意傷之乃聽廣歸斂母訖果還入獄意密以狀聞廣竟得減死顯宗即位徵爲尚書時交趾太守張恢坐贓伏法以貲物簿入太司農詔班賜群臣意得珠璣悉委地不拜賜帝問其故對曰孔子忍渴於盜泉之水曾參回車於勝母之閭惡其名也此贓穢

之實誠不敢拜帝嗟嘆曰清乎尚書之言乃更以庫錢三十萬賜意轉尚書僕射車駕數幸廣成苑意以爲從禽廢政當車陳諫天子即時還宮永平三年夏旱而大起北宮意詣闕免冠䟽請帝策報罷遂應時澍雨焉帝性褊察好以耳目隱發爲明公卿近臣數被詆毀至見提曳朝廷爭爲嚴切以避誅責意獨敢諫諍數封還詔書臣下過失輙救解之帝雖知其至誠然亦以此故不久留出爲魯相後德陽殿成百官大會帝思意言謂公卿曰鍾離尚書若在此殿不立意視事五年以愛利爲化卒于官祀鄉賢

黃昌字聖真餘姚人居近學宮遂就經學文曉習文法仕郡爲決曹刺史行部見而奇之辟從事後拜宛令政尚嚴猛好發奸伏皆稱神明遷蜀郡太守先太守李根年老多悖政及昌到吏民訟者七百餘人悉爲斷理莫不得所宿惡大奸皆奔走他境後歷官大司農

孟嘗字伯周上虞人其先三世爲郡吏並伏節死難嘗仕郡爲戶曹史上虞有寡婦養姑至孝姑壽終夫女弟誣婦鴆姑嘗知其枉言之太守不爲理婦竟冤死郡中連旱二年後太守殷丹問故嘗因舉東海殺

孝婦事以對丹刑訟女祭婦墓天乃大雨後遷合浦太守郡不産穀而海出珠常通商貿穀先時太守採求無節珠漸徙交趾界行旅不至民甚病之嘗到郡釐革其弊去珠復還皆稱神明後被徵吏民攀留不得進乃夜遁去即隱處窮澤身自耕傭鄰縣士民慕其德就居止者百餘家桓帝時尚書同郡楊喬表薦之竟不用年七十而卒祀鄉賢

鄭弘字巨君山陰人少爲鄉嗇夫太守第五倫見而奇之召署督郵舉孝廉弘師同郡河東太守焦貺楚王英謀逆露引貺貺被收道亡妻子繫詔獄諸生故

人皆變名姓避去弘獨髡頭負鐵鑕詣闕爲敗訟罪顯宗悟赦其家屬弘護敗喪及妻子還鄉里由是顯名累遷尚書令弘前後所陳有裨益王政者皆著之南宮以爲故事出爲平原相徵拜侍中遷大司農元和初爲太尉時舉將第伍倫爲司空班在下每朝見弘曲躬自卑帝問知其故遂聽置雲母屏風分隔之奏尚書張林阿附竇憲而素行贓穢憲奏弘大臣漏泄密事帝詰讓弘收上印綬弘自詣廷尉詔赦出之乞骸骨未許病篤上書陳謝并言憲短帝省章遣醫占弘病臨歿悉還賜物敕妻子褐巾布衣素棺殯殮

以還鄉里　祀鄉賢

虞國餘姚人少有孝行後爲日南太守以化治稱常有雙鴈宿止廳事每出行縣輙飛逐車國卒于官鴈逐喪至姚棲墓上不去至今呼其地曰雙鴈國有從曾孫歆亦守日南稱小虞

謝夷吾字堯卿山陰人少爲郡吏太守第伍倫禮信之舉孝廉爲壽張令永平十伍年蝗發太山流徙郡國游食伍穀過壽張飛逝不集稍遷荆州刺史章帝駕幸魯陽詔夷吾錄囚夷吾決正一縣三百餘事事與上合上歎息曰諸州刺史盡如此朕不憂天下遷

鉅鹿太守所在愛育人物有善績第伍倫嘗令班固爲文薦之後以行春乘柴車從兩吏冀州刺史上其儀序失中有損國體左轉下邳令夷吾尤善風角占候嘗豫尅死日如期果卒敕其子曰漢末當亂必有發冢露骸之禍使懸棺下葬墓不起墳

魏朗字少英上虞人爲兄報讐亡命陳國從博士郤仲信學春秋圖緯又詣太學受五經京師長者李膺之徒爭從之初辟司徒府再遷彭城令時中官子弟爲相國多行非法朗與更相章奏幸臣忿疾欲中之會九真賊起乃共薦朗爲九真都尉到官奬厲吏兵

討破群賊斬首二千級桓帝美其功徵拜議郎遷尚書屢陳便宜有所補益出為河内太守政稱三河表尚書令陳蕃薦朗公忠亮直宜在機密復為尚書會被黨議免歸朗性矜嚴閉門整法度家人不見墮容後以黨被急徵行至牛渚自殺著書數篇號魏子祀鄉賢

盛憲字孝章會稽人舉孝廉補尚書郎稍遷吳郡太守以疾去官居餘姚孫策平定吳會誅其英豪不附已者憲素有盛名策深忌之少府孔融憂其不免致書曹操稱孝章實丈夫之雄天下談士依以揚聲宜有以引拔之操徵為騎都尉制命未至果為孫權所

害子巨奔魏位至征東司馬

吳魏騰字周休上虞人朗之孫也爲孫策功曹以忤意見譴將殺之衆莫能救策母吳夫人乃倚大井謂策曰汝新造江南當優禮賢士舍過錄功魏功曹在公盡規汝今日殺之人必叛汝吾不忍禍之及當先投此井策大驚遽釋騰其後孫權在位復以事忤權幾被殺賴同邑吳範救之得免然性剛直行不苟合雖遭困終不撓歷遷鄱陽太守

駱統字公緒會稽人少孤值歲饑統爲之飲食減少姊問其故統曰士大夫糟糠不足我何忍獨飽姊以

私粟與統輒以分施由是得名孫權領會稽太守統年二十試爲烏程相民戶過萬咸嗟其惠理召拜功曹統志在補察苟所聞見夕不待旦常勸權以尊賢接士出爲建忠郎將踈請寬征徭蘇民困權每嘉納之從陸機破蜀軍於宜都後爲濡須督數陳便宜前後書數十上咸有裨益黄武七年卒

綦毋俊上虞人爲交阯刺史拯濟一郡遜爵土之封

[晉]賀循字彥先山陰人齊之曾孫也父邵仕吳爲中書令以忠諫忤孫皓誅死循童齓不群進止必以禮歷武康令政教大行以陸機薦補太子舍人陳敏之

亂詐詔書授循丹陽内史不屈元帝爲晉王以爲軍諮祭酒稱疾固辭帝親幸其舟就加朝服賜與甚厚一無所受轉太常領太子太傅廷尉張闓將奪左右近宅以廣其居作都門早閉夜開民患焉因詣循質之闓聞遽詣循謝而毁其門其爲人敬服如此時朝廷剏建動有疑滯宗廟制度皆循所定朝野諮詢爲當世儒宗疾篤上親幸執手流涕太子親臨者三卒贈司空謚穆子隰康帝時官至臨海太守祀鄉賢

孔愉字敬康山陰人年十三而孤養祖母以孝聞與同郡張茂偉康丁潭世康齊名人號會稽三康吳亡

愉遷于洛歸至江淮遇石冰封雲爲亂逼愉爲參軍不從幾爲所殺東還會稽入新安山中改姓孫氏以耕讀爲務信著鄉里後忽捨去衆以爲神爲之立祠建興初始出應召爲丞相掾時年五十矣以討華軼功封餘不亭侯愉嘗行經餘不亭見籠龜於路者愉買而放之溪中龜中流左顧者數四及是鑄侯印而印龜左顧三鑄如初遷侍中太常及蘇峻反愉朝服守宗廟初温嶠母亡遭亂不得塟至是峻平愉往石頭詰嶠嶠執愉手流涕曰天下喪亂忠孝道廢能持古人之節歲寒不凋者唯君一人耳三遷尚書左僕

射以論議守正爲王導所銜出爲會稽内史在郡三年乃營山陰湖南侯山下数畝地爲宅草屋数間棄官居之送資数百萬悉無所取年七十五而卒謚曰貞愉二子汪安國　汪字德澤好學有志行武帝時位至侍中時茹千秋以佞媚見倖於會稽王道子汪屢言於帝帝不納遂求出爲廣州刺史政績甚著爲嶺表所稱　安國字安國以儒素顯武帝時仕歷侍中太常再爲會稽内史領軍將軍及帝崩安國服衰絰涕泗竟日安帝隆安中詔曰安國貞慎清正出内播譽可以本官領東海王師後歷尚書左右僕射

忭按孔愉而下若謝玄孔靖謝方明李光傳崧鄉陳橐諸人皆以邦人守郡校中或祀名宦或祀鄉賢今槩其生平宦蹟不甚著於郡者並列之鄉賢云

孔坦字君平愉從子也父侃大司農坦少方直有雅望元帝爲晉王以坦爲世子文學東宮建補太子舍人遷尚書郎王敦反與右衛將軍虞潭俱在會稽起義討沈充遷尚書左丞蘇峻反坦欲庾亮先峻未至斷阜陵之界守江西當利諸口亮不能從峻遂陷臺城挾天子幸石頭坦奔陶侃論賊勢皆如所籌後遷侍中時成帝每幸王導府拜導妻曹氏有同家人及帝加元服尤委政導坦每從容勸帝宜博納朝臣諮

諮善道由是忤導出爲廷尉怏怏不悦以疾去職加散騎常侍疾篤庾氷省之爲流涕坦慨然曰大丈夫將終不問安國寧家之術乃作兒女子態耶氷深謝之卒時年五十一贈光禄勳謚曰簡祀鄉賢

孔奕愉之族父也爲全椒令明察過人時有遺其酒者始提入門奕遥呵之曰人餉吾兩罌酒其一何故非也檢視一罌果是水或問奕何以知之奕曰酒重水輕提酒者手有輕重故耳在官有惠化及卒市人若喪親焉

孔巖字彭祖奕之孫也少仕州郡歷司徒掾尚書殿

中卽時朝廷崇樹殷浩以抗擬桓溫溫深不平浩又引接荒人謀立功於外嚴言於浩曰當今時事艱難處任者所至不同所見各異頃來天時人情良可寒心顥深思廉藺屈伸之道平勃相和之義又觀頃日降附之徒貪而無親難以義感浩深納之哀帝時以侯領尚書多所裨益拜吳興太守善於牧下甚得人和又甄賞才能之士論者美焉 祀鄉賢

孔群字敬林愉之從弟有智局志尚不羈蘇峻入石頭時匡術有寵於峻賓從甚盛群與從兄愉同行於橫塘遇之愉止與語而群初不視術術怒欲刃之愉

下車營救獲免峻平王導保存術嘗因衆坐令術勸群酒以釋横塘之憾群荅曰群非孔子厄同匡人雖陽和布氣鷹化爲鳩至於識者猶憎其目導有愧色

丁潭字世康山陰人元帝時爲尚書祠部郎時瑯琊王裒始受封帝欲引朝賢爲其國上卿即以潭爲郎中令裒薨潭上疏求行終喪成帝時爲散騎常侍蘇峻作亂帝蒙塵於石頭惟潭及鍾雅劉超等隨從不離帝側峻誅賜爵永安伯累遷左光禄祭酒康帝即位屢表乞骸骨詔以光禄大夫還第卒謚曰簡祀鄉賢

虞駿字思行潭之兄子也機幹不及潭然其行素高

王導謂騭曰孔愉有公才而無公望丁潭有公望而無公才惟卿兼之歷官吏部郎吳興太守不究其用而卒時人惜之子谷吳國内史

謝奉字弘道山陰人歷安南將軍廣州刺史吏部尚書後免官東還道遇謝安停三日共語安欲慰其失官奉輙引以他端雖信宿竟不言及安深恨之謂同舟曰謝奉故是奇士

謝玄字幼度上虞人少穎悟與從兄朗俱爲叔父安所器重及長有經國才略時符堅彊盛數犯邊境朝廷求文武良將安以玄應舉郗超素與玄不善聞而

歎曰玄必不負所舉吾嘗見其使才雖履屐間亦得其任於是徵拜建武將軍監江北諸軍事苻堅入寇衆號百萬詔以玄爲前鋒都督諸軍事與叔父安從弟琰中郎將桓伊等距之衆凡八萬堅進屯壽陽列陣臨淝水玄軍不得渡玄使謂苻融曰君遠涉吾境而臨水爲陣是不欲速戰諸君稍却令將士得周旋僕與諸君緩轡而觀之不亦樂乎堅衆皆曰宜阻淝水莫令得上我衆彼寡勢必萬全堅曰但却軍令得過而我以鐵騎數十萬向水逼而殺之融亦以爲然麾使却陣衆因亂不能止於是玄與琰伊等以精銳

八千涉淝水决戰堅中流矢臨陣斬融堅衆奔潰自相蹈藉沒水死者不可勝計淝水爲之不流詔進號前將軍假節封康樂縣公會翟遼張願叛河北騷動玄自以處分失所上疏送節盡求解所職又以疾辭詔遣醫令自消息前後表疏十餘皆不報久之乃轉授散騎常侍左將軍會稽內史時吳興太守張玄之亦以才學顯與玄同年之郡而名亞於玄時人稱爲南北二玄玄既輿疾之郡卒塟始寧謚獻武

王徽之字子猷山陰人羲之第三子性卓犖不羈爲桓溫參軍又爲桓冲騎兵參軍嘗夜雪初霽月色清

朗四望浩然獨酌酒詠左思招隱詩忽憶戴逵逵時在剡便夜乘小舟訪之經宿方至造門不前而反人問其故徽之曰本乘興而行興盡而返何必見安道耶嘗寄居空宅中便令種竹或問其故徽之但嘯咏指竹曰何可一日無此君耶後爲黃門侍郎棄官東歸與獻之俱病篤術者云人命應終而人有樂代者則可生徽之謂曰吾才位不如弟請以餘年代之術者曰君與弟等俱盡何代也及獻之卒徽之奔喪不哭直上靈牀坐取獻之琴彈之久而不調歎曰嗚呼子敬人琴俱亡因頓絕月餘亦卒　子楨之字公幹

歷大司馬長史桓玄爲太尉朝臣畢集問楨之我何如君亡叔在坐咸爲氣咽楨之曰亡叔一時之標公是千載之英一坐皆悅

王獻之字子敬少有盛名高邁不羈嘗與兄徽之操之俱詣謝安二兄多言俗事獻之寒溫而已既出客問王氏兄弟優劣安曰小者佳客問其故安曰吉人辭寡耳風流爲一時之冠工草隷善丹青謝安請爲長史太元中起建太極殿安欲使獻之題榜而難言之試謂曰魏時凌雲殿榜未題而匠者誤釘之不可下乃使韋仲將懸櫈書之比訖鬓髮盡白裁餘氣息

還語子弟宜絶此法獻之揣知其旨正色曰仲將魏之大臣寧有此事使其若此有以知魏德之不長安遂不之逼嘗從山陰道上行語人曰山川自相映發使人應接不暇若秋冬之際尤難爲懷仕至中書令卒謚曰憲

許榮會稽人仕至左衛領營將軍時朝政既紊武帝不親萬機但與會稽王道子酣歌親暱僧尼榮上疏諫又陳太子宜出臨東宮剋奬德業疏奏帝雖不省然自是漸不平於道子矣

南北朝

孔靖字季恭山陰人宋武帝東征孫恩過靖

宅靖方晝卧有神人謂曰起天子在門靖遽出適見帝延入禮接甚厚義熙初以靖爲會稽内史到任勅止浮華翦罰游惰境内肅清累遷吳興太守先是吳興頻喪太守相傳項羽爲神居即廳事二千石至常避之靖居廳事竟無害帝北伐以靖爲太尉軍諮祭酒從平關洛拜侍中辭而東歸帝餞之戲馬臺百僚賦詩及受命加開府儀同三司讓不受薨以爲贈子㞢靈符相繼爲會稽太守並有聲績靈運别有傳

孔琳之字彦琳強正有志力桓玄爲太尉以爲西閣祭酒玄議欲廢錢用穀帛又議復肉刑琳之極論變

通之道以爲不可議遂寢玄好人附悦而琳之不能順旨以是不見知出爲吳興太守宋永初中爲御史中丞奏劾尚書令徐羨之虧違典憲時羨之領揚州刺史琳之弟璩之爲其從事以羨之意語林之求釋焉琳之不許曰我觸忤宰相政當罪止一身汝必不應從坐何須勤耶自是百僚震肅莫敢犯禁武帝甚嘉之行經蘭臺親臨幸焉

孔覬字思遠琳之從孫少骨鯁有風力口吃好讀書早知名歷位中書黃門侍郎仕宋爲江夏内史性使酒杖氣不能曲意權幸居常貧罄未嘗關懷雖醉日

居多而明曉政事醒時判決如流衆云孔公一月二十九日醉勝世人二十九日醒也先是庾徽之爲御史中丞性豪麗服玩甚華覬代之衣冠器用莫不麤率蘭臺令史並三吳富人咸有輕之之意覬蓬首緩帶風貌清嚴皆重跡屏氣莫敢欺犯時吳郡顧覬之亦尚儉素衣裘器服皆擇其陋者宋世清約稱此二人後爲司徒左長史弟道存代覬爲江夏適都下米貴道存遣吏載米五百斛餉覬覬呼吏讓而郤之吏乃載米去其清介每類此

謝方明上虞人伯父邈爲孫恩所殺方明以邈男子

馮嗣之等與恩通謀因結邈門生討而手刃之頊之孫恩重陷會稽謝琰見害因懸購方明方明於上虞載母妹奔東陽因還寄居國學方明嚴恪善自居遇雖暗室未嘗有惰容宋武帝受命位侍中丹陽尹有能名轉會稽太守江東民戶殷盛姦吏蜂起符書一下文攝相續又罪及比伍動相連坐邑里驚擾方明濶略苛細務存綱領緩民期會莫敢犯禁除比伍之坐判久繫之獄東土稱詠之

虞愿字士恭餘姚人元嘉中爲湘東王國常侍明帝立除太常丞遷通直散騎侍郎帝以故宅剏湘宫寺

極修謂新安太守巢尚曰此是朕大功德愿從傍正色曰陛下起寺百姓賣兒貼婦女何謂功德帝大怒使人馳曳下殿愿無異容帝好圍棋與第一品王抗對奕愿曰堯以此教丹朱非人主所宜好也出爲晉安太守晉安有越王石常隱雲霧中太守清廉乃見愿至輙見無蔽郡產蚺蛇膽可已疾不易得有遺愿者輙放之蛇輙來歸褚彦回嘗訪愿愿方他出見其床上積塵成寸有書數帙而已嘆曰虞君之清至此令人掃地拂塵而去官終後軍將軍

虞玩之字茂瑶餘姚人仕宋爲烏城令以接路太后

外親朱仁彌坐免官元徽中爲尚書右丞齊高帝鎮東府玩之爲少府猶躡屐造席帝親取屐視之屐訛黑斜鋭蒵斷以芒接之問曰卿此屐已幾載對曰釋褐將置此今三十年矣帝咨嗟賜以新屐不受帝問其故對曰今日之賜恩華兼重但著簪敝席復不可遺後遷黃門郎及帝即位玩之表言便宜多見采納已而乞歸許之玩之好臧否人物孔逷王儉恨之至是東歸儉不出送朝廷無祖餞者中丞劉休曰虞公散髮海隅同古人之美而東都之送殊不靄靄士論愧之

孔邈字世遠山陰人好典故學與王儉交昇明中爲齊尚書儀曹郎屢箴闕禮多見信納上謂王儉曰邈眞所謂儀曹不忝厥職儉爲宰相邈常謀議幄帳儉從容啓上曰臣有孔邈猶陛下之有臣永明中爲太子家令卒

王思遠上虞人晏從弟也建武中爲吏部郎司徒左長史初明帝廢立之際晏實贊其謀思遠謂晏曰兄荷武帝恩今一旦贊人如此事何以自立及此引決猶可保全門戸不失後名晏不聽及晏拜驃騎侯會子弟謂思遠兄思徽曰隆昌之末阿戎勸吾自裁若

用其語豈有今日思遠遽應曰如阿戎所見猶未晚晏卒以專恣見猜忌思遠謂曰時事稍異兄覺否凡人多拙於自謀而巧於謀人晏默然不旬日而有華林之禍後爲侍中掌起居注卒贈太常

孔休源字慶緒山陰人幼孤居喪盡禮每見父所寓書必哀慟不自勝見者爲之垂泣州舉秀才徐孝嗣省其策深善之謂同坐曰董仲舒華令思何以尚此梁臺初建爲太學博士一時名士如范雲沈約皆虛襟接之武帝嘗問吏部尚書徐勉求有學藝解朝儀者勉以休源對即日除尚書儀曹郎時多所改作每

遂訪前事休源即以所記誦隨機斷决無疑滯任昉常謂之孔獨誦遷御史中丞正色無所囬避百僚憚之後爲晉安王長史累佐名藩甚得美譽歷都官尚書金紫光祿大夫車駕臨幸常以軍國事委之昭明太子薨有敕夜召休源入宴居殿參定謀議立晉安王綱爲皇太子自公卿珥貂插筆奏决於前休源怡然無愧及卒帝流涕顧謝舉曰休源居職清忠方欲共康政道奄至捐殁朕甚痛之舉曰此人清介彊直臣亦爲陛下惜謚曰貞子

徐摛字士秀剡人幼好學及長徧覽經史屬文好爲

新變不拘舊體晉安王綱出戍石頭武帝謂周捨曰爲我求一人文學俱長兼有行者欲令與晉安游處捨曰臣外弟徐摛形質陋小若不勝衣而堪此選帝曰必有仲宣之才亦不簡貌乃以摛爲侍讀王入爲皇太子轉家令兼管記尋帶領直摛文體既別春坊盡學之宫體之變自斯而起帝聞之怒召摛加誚責及見應對明敏辭義可觀乃意釋因問五經大義次問歷代史及百家雜記末論釋教摛商較從横應荅如響帝甚加歎異更被親狎寵遇日隆領軍朱异不悅謂所親曰徐叟出入两宫漸來見逼我須早爲之

所遂承間白帝曰摛年老又愛泉石意在一郡自養帝謂摛欲之乃召摛曰新安大好山水任昉等並經爲之卿爲我臨此郡中遂出爲新安太守爲政清靜教人禮義勸課農桑朞月風俗更改秩滿爲中庶子除太子左衛率及侯景攻陷臺城時簡文居永福省賊衆奔入侍衛走散莫有存者摛獨侍立不動徐謂景曰侯公當以禮見何得如此凶威遂折侯景乃拜由是常憚摛簡文嗣位進授左衛將軍固辭不拜簡文被景幽閉摛憂憤因感氣疾而卒　子陵字孝穆最有文名嘗爲剡令歷尚書左僕射自陳創業文檄

軍書及受禪詔策皆出其手爲一代文人　陵子份有父風九歲爲夢賦陵見之謂所親曰吾幼屬文亦不加此爲海鹽令有政績入爲太子洗馬性孝弟陵嘗疾篤份燒香泣涕跪誦孝經日夜不息如是者三日陵疾頓愈人謂份孝感所致

孔奐字休文琇之曾孫也陳永定三年除晉陵太守晉陵自宋齊以來爲大郡雖經寇擾猶爲全實前後二千石多行侵暴奐清白自守妻子並不之官唯以單船臨郡所得秩俸隨即分贍孤寡郡中號曰神君

［唐］虞世南字伯施餘姚人性沉靜寡欲與兄世基受

學于顧野王父荔卒世南毁不勝喪陳文帝召爲建安王法曹參軍陳滅與世基入隋方晉之二陸煬帝愛重其才然疾其峭正爲郎十年不徙當是時世基日貴盛服用擬王者世南躬貧約無改及唐興秦王引爲記室王即位超拜弘文館學士世南外若不勝衣而中寔抗烈論議持正太宗嘗曰朕與世南商略古今有一言失未嘗不悵貞觀八年隴右山崩大蛇屢見山東及江淮大水帝憂之以問世南對曰春秋時梁山崩晉侯召伯宗問焉伯宗曰國主山川故山崩川竭君爲之不舉降服乘縵徹樂出次祝幣史辭

以禮晉侯從之故得無害漢文元年齊楚地震二十九山同日崩水大出詔郡國無來貢施惠天下遠近洽穆亦不爲災後漢靈帝時青蛇見御坐晉惠帝時大蛇經市入廟此所以爲怪今蛇見山澤適其所居山東淫雨江淮大水恐有冤獄枉繫宜省錄纍囚庶幾或當天意帝於是遣使賑饑理獄多所原赦帝嘗作宮體詩使賡和世南曰聖作誠工然體非雅正上之所好下必有甚者臣恐此詩一傳天下風靡不敢奉詔帝曰朕試卿耳帝嘗命書列女傳于屏風于時無本世南暗疏之無一字繆帝每稱其五絕一曰德

行二曰忠直三曰博學四曰文詞五曰書翰累封永興縣公卒年八十一詔陪葬昭陵贈禮部尚書謚文懿卒後數歲帝夢進讜言厚賻其家嘗下詔襃揚曰世南于我猶一體拾遺補闕無日無之當代名臣人倫準的今其云亡石渠東觀無復人矣

孔若思山陰人早孤其母躬訓教長以博學聞有遺以褚遂良書者納一卷焉其人曰是書貴千金何取之廉若思曰審爾此亦多矣更還其半擢明經歷庫部郎中坐右置止水一石明止足意中宗初敬暉桓彥範當國以若思多識古今凡大政事必咨質以行

三遷禮部侍郎出爲衛州刺史故事以宗室爲州別駕見刺史蹔放不肯致恭若思劾奏別駕李道欽有詔別駕見刺史致恭自若思始累封梁郡公卒謚曰惠

孔敏行字至之山陰人元和初擢進士第歷官諫議大夫時李絳遇害事本監軍楊叔元朝議莫敢顯攻之者獨敏行上書極論其罪風力勁然未及大用早卒贈工部尚書

羅珦會稽人寶應初詣闕上書授太常太祝曹王臯領江西荆襄節度使嘗署幕府累遷副使臯卒軍亂

刼府庫珦取首惡十餘人斬以徇環棘庭中俾投所刼庫物一日皆滿乃貰餘黨召爲奉天令中官出入輦道吏緣以祀禁珦搒笞之雖死不置自是屛息擢廬州刺史脩學宮政教簡易有芝草白雀之祥淮南節度使杜祐上治狀賜金紫服再遷京兆尹請減平糴半以常賦充之人賴其利以老疾求解徙太子賓客累封襄陽縣男卒謚曰夷　子讓字景宣蚤以文學著聲舉進士宏辭賢良方正皆高第爲咸陽尉父喪幾毀瘠服除布衣糲飯不應辟者十餘年淮南節度使李鄘延致幕府除監察御史累遷福建觀察使

兼御史中丞有仁惠名或以婢遺讓者問所從荅曰女兄九人皆爲官所賣留者獨老母耳讓惻然爲焚券召母歸之入爲散騎常侍拜江西觀察使卒贈禮部尚書

夏香字旻卿蕭山人年十五縣長葛君會客飲宴時郡遭大旱問香以旱故荅曰昔湯遭旱七年以六事自責而雨澤應澍周成王悔過而偃禾復起自古先聖畏懼天異必思變以濟民命今始罹天災縣界獨甚未聞明達崇殷周之德飲宴獨懽百姓枯瘁神祇有靈必不享也百姓不足君孰與足長曰是誠在我

即罷會身捐俸祿以贍民饑衆服其格言後歷任邑長聲譽四聞

五代　顧全武餘姚人事錢鏐爲武勇都指揮使將兵救嘉興破其三寨還守西陵將圖董昌乃先取餘姚降其令袁邠遂引兵克昌禽之越民懽呼動地先是蘇州告急鏐命全武舍越赴吳全武曰越固賊之根本奈何垂克而棄之至是取越乃航海至嘉興而淮兵圍其城甚急全武一鼓破其十八營虜其將士三千人遂乘勝取蘇州扳松江扳無錫常熟華亭諸郡縣而秦裴者守崑山不下力屈乃降全武宥之時稱

長者

鮑君福餘姚人性淳厚有膽氣能馬上舞雙劍從錢鏐征討有功奏授衢州刺史清泰初自鎮海將軍節度副使遷右丞相太尉無侍中卒謚忠壯

吳程字正臣山陰人父蜕大順中登進士累官禮部尚書程初以父蔭不事苦學有謂程曰覩子骨法與群儒類但恨他日登將相不長談論耳程遂勤學錢鏐選壻于士族以女妻之元瓘襲國命程知睦州有政聲尋拜丞相授威神節度使軍政嚴肅卒謚忠烈

宋　羅開濬字仲謙會稽人開寶間守臨江崇儒尚禮

士民化之卒贈臨江侯

王絲字敬素蕭山人真宗時舉進士任興國軍司理辯重辟十有一人郡稱神明秩滿除台州軍事判官州少井人病之絲淘土爲筒引山泉入城舟五里一穴以濟行者旋判衢州有惠政外臺移領婺州衢州人爭于境上曰我州一鑑何爲見奪至婺雪民寃抑民德之以紫檀肖像而祀之拜侍御史會湖南蠻攻郡縣詔絲安撫湖南至則諮察利病而前帥立重賞以誅蠻人一級萬錢士卒往往戕樵餉者以爲功絲下令得賊首者必指其鬬地以爲質其可擒者當生

致之自是無枉戮者終尚書兵部員外郎子霽震露
並歷顯職
錢彦遠字子高山陰人舉進士歷知潤州以地震上
疏勸帝順天脩德且言契丹據山後諸鎮趙元昊盜
靈武銀夏湖廣蠻獠劫畧生民惟陛下念此三方之
急講求久長之計以荅天戒時旱蝗民乏食彦遠發
常平倉以賑之部使者不能沮召爲右司諫知諫院
會諸路奏大水彦遠言陰氣過盛在五行傳下有謀
上之象宜嚴宫省宿衛未幾果有挾刃入禁門者特
賜五等服卒于官弟明逸歷太常博士爲吕夷簡所

知擢右正言嘗希章得象陳執中意劾范仲淹富弼二人皆罷其夕杜衍亦罷擢翰林學士時論鄙之

杜衍字世昌山陰人父遂良度支員外郎衍總髮苦志勵操尤篤於學第進士補楊州觀察推官累擢知乾州及鳳翔府所至民德之以太常博士提點河東路刑獄辯獄久不決者數事又徙楊州章獻太后有使至淮南使還太后問衍安否使者以治狀對太后歎曰吾知之久矣會河北乏軍費選爲都轉運使不增賦於民而用足歷知天雄軍始行爲治謹密不以威刑督吏然吏民亦憚其清整衍自言歷知州提轉

安撫未嘗壞一箇官員不職者諭以禍福俾自新從而遷善者甚衆不必繩以法也其有才行超卓者必力薦於朝雖一長片善亦必隨所能而薦之仁宗特召爲御史中丞衍奏言中書樞密古之三事大臣所謂坐而論道者也止隻日對前殿何以盡天下之事宜迭召見賜坐便殿以極獻替可否其他不必親煩陛下也又議常平法以抑豪商通壅滯無判吏部流內銓既數日命諸胥各具格式科條以白問曰盡乎曰盡矣閱視具得本末曲折明日令諸吏無得升堂各坐胥廳行文書銓事悉自予奪由是吏不能爲姦

數月聲動京師遷知永興權知開封府貴近聞衍名莫敢干以私拜樞密使與富韓范共事三人欲盡革衆事脩綱紀小人權倖皆不悅獨衍與相左右而衍尤遏絶僥倖每內降恩率寢格不行積詔旨至十數輙納帝前諫官歐陽脩入對帝曰外人知杜衍封還內降邪凡有求於朕每以衍不可告之而止者多於所封還也其助我多矣衍多知本朝故實善决大事初邉將議欲大舉擊西夏雖韓琦亦以爲可衍爭以爲不可大臣至有欲以沮軍罪衍者然兵後果不得出契丹與元昊大戰黄河外鴈門麟府皆警范仲淹

宣撫河東欲以兵自從衍曰二國方交鬭勢必不來我兵不可妄出仲淹爭議帝前語抵衍衍不爲恨後契丹卒不來契丹壻劉三嘏避罪來歸輔臣議厚館之以詰契丹陰事諫官歐陽脩亦請留三嘏帝以問衍衍曰中國主忠信若自違誓約納叛亡則不直在我且三嘏爲契丹近親而逋逃來歸其謀身若此尚足與謀國乎納之何益乃還三嘏拜同平章事兼樞密使臺諫嫉衍者訐其壻他事劾奏之欲因以危衍且指衍爲朋比遂與仲淹弼同日罷衍爲相才百二十日以尚書左丞出知兖州慶曆七年衍七十乞致

仕許之平生清介不殖私産既退寓南都幾十年第室卑陋處之裕如享客多用髹器客有面稱嘆者曰公曾爲宰相貧乃爾耶衍命侍人盡取白金燕器陳於前曰非乏也雅自不好爾然衍好施亦卒不蓄也張侍讀瓌曰祁公之好施人所能也其不妄施人所不能及也善爲詩工書行草皆有法皇祐元年遷太子太保召陪祀明堂勅應天府敦遣就道都亭驛設帳具几杖待之稱疾固辭進太子太傅賜其子同進士出身又進太子太師封祁國公病革帝遣中使賜藥挾太醫往視不及卒年八十贈司徒兼侍中謚正

獻戒其子努力忠孝斂以一枕一席小壙庳冢以塟自作遺疏其畧曰無以久安而忽邊防無以既富而輕財用宜早建儲副以安人心語不及私祀鄉賢

齊廓字公闢山陰人舉進士授梧州推官累遷太常博士知審刑詳議官出知通泰州提刑湖路刑獄潭州鞫繫囚七人爲强盜當論死廓訊得其狀付州使劾正乃悉免死平陽縣自馬氏時稅民丁錢歲輸銀二萬八千兩民生子至壯不敢束髮廓奏蠲除之初兼按察司時奉使者競爲苛刻邀聲名獨廓奉法如平時積官光祿卿直秘閣以疾分司南京改秘書監

卒弟唐在儒林傳廓方使湖南時越州守蔣堂奏廓及唐父母垂老窮居鄉里二子委而之官唐復久不歸省於是罷唐令歸侍養廓雖置不問然士論薄之矣

孫沔字元規會稽人第進士補趙州司理跌宕自放不守士節然材猛過人後以秘書丞爲監察御史裡行景祐初章獻太后服未除而禮官請用冬至日冊后沔奏請俟祥禫別擇日同安尉李安世上書指切時政得罪沔奏請宥安世以風言者黜知衡山縣道上書言時事再貶永州監酒已復爲監察御史再知楚州所在皆著能蹟久之以起居舍人爲陝西轉運

使時宰相呂夷簡求罷仁宗優詔弗許沔奏夷簡蔽賢蠹國語甚訾切帝不之罪兩月以禮部爲環慶路經畧使知慶州元昊死諸將欲乘其隙大舉滅之沔曰乘危伐喪非中國體三司所給特支物惡而估高軍士有語優人因戲及之沔曰此朝廷特賜何敢妄言動衆命斬之將佐爭言此特戲耳不足深罪沔徐呼還杖脊配嶺南謂之曰汝賴戲我前即私議動衆汝必死而告者超遷矣明日給特支士無敢譁者凡三知慶州軍中畏懷徙秦州時儂智高反沔入見帝以秦事勉之沔曰臣雖老然秦州不足憂陛下當以

嶺南爲憂明日官軍以敗聞帝謂沔先見遂以沔爲廣南路安撫使以便宜從事沔請益騎兵增選偏裨二十八人求武庫精甲五千叅知政事梁適折之曰母張皇沔曰前日唯亡備故至此今豈可忘實備而示鎮靜耶居二日促行才與兵士百沔憂賊度嶺而北乃檄湖南北曰大兵且至其繕治營壘多具宴犒賊疑不敢北使會遣狄青爲宣撫使沔與青會擊走智高遷給事中還帝問勞解玉帶賜之以知杭州至南京召爲樞密副使契丹請觀太廟樂沔折之曰廟樂皆歌詠祖宗功德使人如能留勸吾祭乃可觀使

遂不敢復請張貴妃薨追冊爲后命沔讀冊故事正后翰林學士讀冊沔既陳不可用宰相護喪且曰陛下若以臣沔讀冊則可以樞密副使讀冊則不可遂求罷職以資政殿學士知杭州又徙并州已而諫官奏沔淫縱不法事按驗有跡責寧國節度使其後會恩以禮部侍郎致仕英宗即位遷戸部歐陽脩薦沔可任邊事遂起爲資政殿學士知河中府又徙知延州道卒年七十一贈兵部尚書謚威敏

忭按宋史謂沔頗知兵而以汚敗王長史縝述鄉賢遂斥沔不爲贊士君子律身可不愼歟

顧臨字子敦會稽人通經學爲國子監直講遷館閣

校勘同知禮院臨知兵神宗詔編武經要畧且召問兵對曰兵以仁義爲本動靜之機安危所係不可輕也因條十事以獻出權湖南轉運判官提舉常平議事忤執政意罷歸元祐二年擢給事中朝廷方事回河拜天章閣待制河北都轉運使翰林學士蘇軾等言臨資性方正學有根本封駁議論有古人風宜留寘左右不報臨至部請因河勢回使東流復以給事中召還歷刑兵吏三部侍郎兼侍讀爲翰林學士紹聖初以龍圖閣學士知定州徙應天河南府忌者指爲黨人斥饒州居住會覃恩還鄉里年七十二卒祀鄉賢

按會稽餘姚二志皆有臨傳然臨墓在會稽之石傘山則爲會稽人明矣

錢勰字穆父彥遠之子也以蔭補官神宗嘗召對將進用之王安石使弟安禮來見許爲御史勰謝曰家貧母老不能萬里行安石知不附已命以他職知開封府老吏畏其敏欲困以事導人訴牒至七百勰隨即剖决乃驚詫去宗室貴戚爲之斂手召拜戶部侍郎進尚書加龍圖閣直學士因忤章惇惇極意排詆罷知池州卒　祀鄉賢

陸佃字農師山陰人受經于王安石安石當國首問新政佃曰法非不善但推行不能如初意故反病民

耳擢甲科授蔡州推官初置五路學官選爲鄆州教授召補國子監直講王雱用事好進者至崇以師禮佃待之如平日以是在大學七年不徙官脩定說文得入見神宗方議大裘佃考禮以對帝悅用爲詳定郊廟禮文官加集賢校理崇政殿說書進講周官帝稱善擢中書舍人給事中哲宗立去安石之黨士多諱變所從會安石卒佃率諸生哭而祭之識者嘉其無向背及預修神宗實錄數與史官范祖禹黄庭堅爭辨大要不肯詆安石庭堅曰如公言蓋佞史也佃曰盡如君意豈非謗書乎以龍圖閣待制出知江寧

甫至卽省安石墓紹聖初治史罪落職知海州徽宗卽位復爲吏部侍郎上疏拜尚書右丞進左丞佃執政持論多近恕每欲參用元祐人材尤惡奔競嘗曰天下多事則須不次用人苟安寧無事但當以資歷序進少緩之則士知自重矣時欲更懲元祐餘黨佃爲上言不宜窮治謗者用是詆佃曰佃名在黨籍不欲窮治正恐自及耳遂罷知亳州數月卒佃所著書二百四十二卷於禮家名數之說尤精如埤雅禮象春秋皆傳于世祀鄉賢

石牧之字聖咨新昌人第進士試校書郎移天台令

有能名昔王安石知鄞陳古靈知僊居號江東三賢最後知溫州有母訟子逆者牧之爲勸諭卒成孝子鹽城時有海寇牧之募壯士時訓練寇不敢犯爲民興利剗弊溫人甚德之所著有往生録易論解雜文歌咏共七卷

唐翊字浙師其先上蔡人五世祖始遷山陰世以儒術顯翊生甫七齡日誦千言十三能屬文時稱竒童元豐中進太學較藝輙高等元祐間人士競工詞章翊堅守經術卒以兩經中第主蘄縣簿吏以其初筮少之翊稍露芒鍔吏更畏服不敢欺徙知靈壽值大

旱翊開河渠溉田數千頃旁渠之田不雨而稔常平吏盜倉粟翊發其姦以能例得遷秩乃嘆曰置人於重辟而已受賞可乎乃改從自首律後屢典州郡曹所至皆有聲同時陸佃輩咸推服焉

姚勔字輝中山陰人舉進士歷永康令元祐中召爲左正言奏御史中丞趙君錫雷同俯仰無所建明累遷寶文閣待制國子祭酒知明州紹聖初言者論其阿附呂大防范純仁謫知信州再貶水部員外郎分司南京卒勔以孝行著毋省先墓素衣步出城門且行且涕至墓尤哀惻見者爲之感動　祀鄉賢

朱戢諸暨人元符中知青田縣子常復知是縣興建學校崇獎儒學父子繼美邑人稱之

石公弼字國佐新昌人幼警敏勤學弱冠舉進士一時宿儒皆就質所疑公弼應之如響聞者歎服爲漣水丞供奉高公備綱舟行淮以溺告公弼曰數日無風安有是使尉核其所載失百萬呼舟人物色之得公備詭匿狀即收捕窮治皆服罪後歷宗正寺主簿入見言朝廷比日直詞罕聞頌聲交作願遏諛佞通諫諍徽宗嘉納焉擢監察御史進殿中侍御史旹三舍法行士子計等第頗事告訐公弼言學校要以仁

義漸摩而後人有士行不可使相告成風遷侍御史言蘇杭造作局擾民請稍芟枝巧罷進奉從之蔡京嘗薦公彌公彌直諒不阿及京當國恣專恣公彌劾京罪惡章數十上京罷相猶提舉脩實録公彌因星變復言之竟出京杭州進公彌兵部尚書兼侍讀尋以樞密直學士知揚州改襄州京再相謫公彌秀州團練副使台州安置尋赦歸召爲右丞封文安縣開國侯卒贈金紫光禄大夫祀鄉賢

石公揆字道佐公彌從弟也幼有至性親殁廬墓三年人稱其孝舉進士歷殿中侍御史高宗朝極論樞

寄使秦檜之奸章十餘上檜再相下公揆於建昌獄久不得釋以罪廢錮而殁　公揆子晝問字叔訪當公揆下獄時晝問年十四奉其母李屏居苦學及檜死乃抱諫草扣闔詔復公揆官併官晝問歷知鄞縣治爲浙東諸邑最召拜司封郎晝問居官盡心職業其論兩淮榷塲互市營田官莊之弊皆切於時居家歲以三百斛給宗族之貧者義行尤著云　晝問子宗聃字應之登進士歷長洲丞時相趙汝愚薦之召試館職除秘書正字直文華閣平生好學朱熹嘗與論學人推其賢公揆祀鄉賢

姚舜明字廷輝嵊人舉進士爲河東經畧安撫使宣和二年睦寇連陷杭處等六州舜明知婺州方之任城巳被圍遂招集士卒突圍入城引兵出戰賊衆奔潰時賊將洪載據處州復討降其衆四十餘萬欽宗即位遷監察御史僞楚之變舜明挺節不汚高宗時除知江州劇賊李成擁衆至城下接戰又平之人謂舜明藐然孤壘制賊横潰使不轉入東南其功居多累階中大夫文安縣開國男贈太師所著有詩文十卷奏章三卷補楚辭一卷子宏寛憲寛在儒林傳

宏字令聲少有才名吕頤浩薦爲刪定官調江山令

適歲旱有巡檢自言能以法致雷雨試之果驗民告妖術秦檜以私憾下大理竟死獄中　憲字令則以父任歷知秀州豪民錢安國匿亡命爲姦盜州縣莫敢詰憲至捕其首惡及餘黨悉置于法境內帖然又自提點刑獄知平江府群盜毛閆等出没海道憲設方畧悉擒之除兩浙轉運判官進叅知政事後以端明殿學士知江陵府每得盜不妄殺人推長者祀鄉賢

■竹按姚氏父子舊志皆云嵊人而諸暨新志乃云暨人且言墳墓子姓具在當必不誣然以兩邑鄉賢祠考之嵊及暨並祀舜明而寬及憲則但祀於嵊自宋迄今秩祀已久豈舜明初居暨而二子遷於嵊耶若如暨志以爲自嵊而遷暨則暨之祀不應遺二子矣嗟乎人之情莫不羡淡賢而羞佞如其

賢也卽不必生於其地而爭欲藉之以爲榮若秦檜史彌遠卽其子孫且不願以爲祖士大夫立身可不慎所趨哉

李光字泰定上虞人崇寧中進士知常熟朱勔方以花石得幸勢焰薰灼光不爲屈械繫其奴勔怒監司爲移光知吳江以避之光挺挺自若勔亦不能害也宣和五年遷司封郎因進對極論時事語及用事大臣黜知陽朔遷符寶郎欽宗卽位擢右司諫首論宦官譚稹梁方平喪師辱國梁師成締交蔡京王黼表裏蒙蔽罪皆當誅遷侍御史時尚主王安石之學詔榜廟堂光言安石欲廢祖宗法度則謂人主當制法

而不當制於法欲盡逐元老則謂人主當化俗而不當化於俗蔡京兄弟祖述其說五十年間毒流四海今文風示中外鼓惑民聽豈朝廷之福彗出寅艮間議者謂夷狄滅亡之證光奏春秋書災異以戒人君不聞歸之夷狄語尤激切耿南仲排之謫監汀州酒稅建炎三年高宗移蹕建康以宣爲藩屏除知宣州光到郡繕城池聚兵糧籍諸縣之鄉兵謂之義社南陵水軍叛光遣奇兵嚙枚夜擊之賊潰十一月金人奪馬家渡南牧郡縣皆不能支光獨力修守備金人不敢入境四年巨盜戚方破寧國傳城下光設牙帳

于南壁躬撫士卒賊分兵百道來攻光隨宜應之凡被圍二十八日援兵至解去除徽猷閣待制知臨安府入爲吏部侍郎上疏乞車駕親征漸圖興復進吏部尚書大將韓世清本苗傅黨久駐宣城擁兵抗朝命光請先其未發除之授淮西招撫使親受密旨遂假道擒世清以歸除端明殿學士知建康府大臣爲都督有所施設光不以爲是大臣方怙權不聽光上疏辨論且請去徙知湖州歷知洪州兼制置大使以吏部尚書召遂除參知政事昔秦檜初定和議將揭榜故引光以爲重同郡楊煒上光書責以附時相取

尊官隳黜虜姦計虧平時大節光本意謂但可因和爲自治計既而檜議撤淮南守備奪諸將兵權光極言戎狄狼子野心和不可恃備不可撤檜惡之檜以親黨鄭億年爲資政殿學士光於榻前面折之又與檜語難上前因曰觀檜之意是欲壅蔽陛下耳目盜弄國權懷姦誤國不可不察檜大怒明日光丐去章九上乃除資政殿學士知紹興府改提舉臨安洞霄宮万俟卨論其怨望安置藤州越四年移瓊州居瓊八年呂愿中又告光與胡銓詩賦相倡和爲譏訕改移昌化軍檜死始以南郊赦恩復官聽自便行至蘄

州卒年八十三追復資政殿學士謚莊簡初光過宋都從劉安世講學得其精微故於死生禍福之際無所屈撓及再涉瘴海處之怡然日講周易一卦因著易傳十卷行於世子孟愽孟堅孟珍孟傳皆知名士

孟愽字文約紹興五年進士第三人從父卒于瓊

孟堅字文通以學行舉知無錫又知秀州坐父累謫嶺南會有告其家有私史孟堅竟寘陝州檜死復官知無錫孝宗召赴行在入見問其家世又以治行褒之遷淮東提舉卒　孟珍字文潛善行草嘗擢守江陰及沿海制置司參議皆不赴　孟傳字文授以父

恩歷官太守丞相韓侂胄連逐留正趙汝愚因使其私人倡言將論朱熹孟傳奮然曰如此則士大夫爭之鼎鑊且不避侂胄懟而止出知江州歷福建提舉常平詔入對首論用人宜先氣節後才能益招徠忠讜以扶正論侂胄誅丞相史彌遠其親故也人謂進用其時矣卒歸使節角巾還第進直寶謨閣致仕卒常誡子孫曰安身莫若無競修巳莫若自保守道則福至求祿則辱來有磐溪集宏詞類稾左氏說讀史雜志等書 光祀鄉賢

忭按莊簡通才亮節卓然終始藉令與張韓劉岳輩僇力中原即興復可期而卒爲檜賊所排斥逐

以死千古之恨豈有窮哉楊煒之書未爲深知莊
簡然莊簡卒不屈不移完其令名則直諒之友要
不爲無助也煒嘗爲黄巖令有詆時相語謫
萬安軍一統志載瓊州流寓煒亦佳士也哉

傳墨卿字國華山陰人以大父恩補太廟齋郎歷翰林學士宣和中以禮部尚書持節冊立高麗王楷有功還賜同進士出身進龍圖閣學士建炎中守正奉大夫致仕墨卿凡三使高麗所過郡縣輒爲守令道上德意以寬宥爲務罪囚及當死者多得減釋官吏有責罰編置亦貸除之高麗至今有廟祠初墨卿尉江都往來山陽深爲節孝處士徐積所知人問積所爲知墨卿者積曰方欽聖升遐楚之官吏寓客皆集

服臨郡庭下惟傅尉容稱其服吾是以賢之

傅崧卿字子駿墨卿從父弟也省試第一擢甲科累遷考功員外郎方士林靈素得幸造符書自輔臣以下皆從靈素師授崧卿與曾幾獨不行被譖出爲蒲圻縣丞高宗召爲中書門下省檢正諸房公事詔問建都孰便崧卿言建康建國宜定基本以濟中興比虜渡江上自越幸四明崧卿殿後乘障盡死力拜浙東防遏使明年知越州上自永嘉還越崧卿乞減供億省用度雖中旨有不便輒執奏賜可乃已後金師復大舉入寇上將親征崧卿入對言留都管籥旁郡

輔翼當及鑾輿未發亟圖之庶無後慮上稱善進給事中尋罷歸自國家多事常慷慨欲以功名自見與客言及國事輒憤詫或至流涕覽鏡見齒髮衰浩歎曰吾遂無以報國家而死乎在上前論議尤感激未及大用而卒時人惜之所著有樵風溪堂集六十卷西掖制誥三卷其夏小正傳最行於世

虞賓餘姚人舉進士知長洲縣縣多大姓黠吏亂法亡度賓芟鉏之皆屏息自保無敢橫歲侵民無蓋藏部使者猶董宿負賓閣文移不省及去縣民勒碑頌之終翰林承旨從子仲琳仲瑶並舉進士仲琳嘗從

尹焞游焞稱爲志學之士仲珵官至侍講

陳橐字德應餘姚人以上舍擢第傳崧卿守鄉郡聘爲記室上書乞禁湖田語在湖陂記調寧州教授以母老乞改台州工曹攝天台臨海黄巖知越州新昌並稱愷悌紹興初趙鼎李光薦橐召對除御史論事不合出爲江西運判貪殘望風解去以母老乞歸詔橐善撫事移知台州台邑故橐所攝治聞其來皆秉香燭迎之母憂百姓巷哭走行在乞留詔橐清謹不擾治狀著聞其賜錢三十萬服除召爲司勳郎中累遷權刑部侍郎時秦檜力主和議橐屢疏其不可檜

以此憾褒然虜果渝盟如褒言褒力丐去除徽猷閣待制知潁昌府改處州又改廣州廣自兵興以來十年九易守百姓凋敝不可爲褒留鎮三年民夷悅服褒屢乞身而檜亦憾之不置乃降其秩改婺州許老年六十六而卒褒博學剛介居常默坐終日人莫能窺其際宦歸無產業先世田廬盡與弟昆嘗僑寓僧舍日市米給食出謁無僕從僦二卒肩輿門刺皆手持之王十朋論會稽人物稱杜祁公陳德應云祀鄉賢

梁仲敏字元功山陰人紹興初爲太府丞以周葵薦召對擢監察御史拜右諫議大夫仲敏居諫職久所

論抗直無隱上或未悟必反覆開陳冀其聽納方止金虜入寇大将有潛遯者仲敏力請誅之大将坐遠斥士氣乃奮晚罷官居家尤篤風誼卒贈寶文閣學士

胡沂字周伯餘姚人宗伋子也六歲默誦五經不漏一字稍長補太學選首與陳東伏闕上書對策陳中興艱難者萬言擢甲科調秀州判官差宣州教授改衢州州将嘗與其父同官知沂貧無以養挽之攝事沂謝絶之召對除正字四遷而爲右司遭母喪服除召爲司業遷侍御史論列龍大淵曾覿市權植黨三

上章乞復諫議劉度官又列殿帥成閔罪狀直聲震中外初朝議用兵沂以爲未可已而有獻捷者沂乃自劾除直顯謨閣主管崇道觀召爲起居郎累遷給事中益敢言無諱除吏部侍郎兼尚書出知處州召爲太子詹事上方嚮意宮僚而沂與王十朋陳傅良周操與焉識者謂極天下之選累遷禮部尚書連章丐歸從之兩用郊恩累封餘姚縣開國子卒謚獻簡沂學行淳篤不欺暗室對上言無所緣飾即有所啓納未嘗關白即上有所言沂亦不泄上亦緣此謂沂忠實喜獎舍類一時名士如汪應辰周必大龔茂良

葉顒輩皆沂所推轂其待人無防畛得喪避就人所齮齕沂處之裕如所著書數十萬言奏議八卷世尤傳之子五人知名者兩人曰拱曰摶　摶字崇禮兄拱乾道名臣早卒崇禮悲傷之乞罷官歸茬時陸學方盛行浙士皆群聚講授依歸崇禮崇禮無間晝夜寒暑資業之不厭士多成名皆向重崇禮崇禮嘗爲兩浙轉運司幹官條無名賦請盡蠲之湖常水旱疾疫乞多貴僧轉米緣門糜飲之民賴全活二子衛衍衛舉進士累官禮部侍郎封餘姚縣開國伯衍知漢陽軍　沂祀鄉賢

王佐字宣子山陰人以南省高等廷對第一授簽書平江軍節度判官召爲秘書省校書郎時秦檜專政其子熺提舉秘書省館中率趨附之佐獨簡默嚴重未嘗妄交一語嘗語同舍謂不宜自屈熺聞不能平嗾言者論去之及檜死熺斥尋復起用歷尚書吏部員外郎檜妻王氏陳乞舊所得恩數未領者自稱冲真先生佐駁之曰妾婦安得此稱向者誤恩有司不能執爲失職今當追正執政不能聽但寢其請後王氏死卒奪先生號淳熙中知建康府有妖人挾左道鼓衆謀不軌佐得其陰謀一日坐帳中命捕爲首者

至前詰數語責短狀判斬之而流其徒於嶺外僚屬方候見於客次無一人知者見佐擲筆乃異之而妖人已誅矣佐方閱案牘治他事延見賓僚乃退無少異於常日後徙知潭州宜章民陳峒竊發甚猖獗佐檄流人馮湛權湖南路兵馬鈐轄假便宜往征之乃具奏論賊勢上是其策遂就擒詔以佐忠勞備著超拜顯謨閣待制歷工戸二部尚書淳熙十一年奉祠卒贈銀青光禄大夫山陰縣開國男祀鄉賢

陸游字務觀左丞佃之孫也少頴悟問學該貫喜爲詩歌工文辭淹練先朝典故名振一時張孝祥以詞

翰自擅獨見游輒傾下之初以蔭補官高宗聞其名欲召用而游以口語觸秦檜故抑不進紹興末始召對褒諭再三賜進士出身孝宗卽位遷樞密院編修官和議將成游以書白二府抗陳不便又代樞臣張燾言龍大淵曾覿招權植黨熒惑聖聽上詰知游所代草怒出爲通判後爲建康王炎榦辦公事陳進取之策又知蜀帥吳挺將叛請以吳玠子拱代之以絕亂階炎不從後挺果叛人服其先識范成大帥蜀游爲參議官以文字交不拘禮法人議其頹放因自號放翁預修光孝兩朝實録成陞寶謨閣待制致仕卒

年八十有五常以中原未復爲恨毎形之詩詠老而不忘所著有劒南詩集二十卷續稿六十七卷渭南集四十五卷行於世 祀鄉賢

忭按渭南集有示兒詩云老去元知萬事空但悲不見九州同王師北定中原日家祭無忘告迺翁其恢復之志垂老不忘如此亦可悲矣宋史謂其晚年爲韓侂胄作南園記見譏清議余獨謂不然夫泉石品題非有大關係也以時宰求爲一記而必峻拒之不已甚乎頌其記所云何如耳余於西湖志見此記而詳味之其以忠獻有後爲言蓋歆之以法祖也又以許閒歸耕爲公之志蓋諷之以知止也游自以爲無諛辭無侈言殆信然矣是又何足爲病哉甚矣議者之固也

王逨字致君其先本宛丘人建炎之變逨與其父俣奔餘姚時逨年十一爲金人所虜能以智自全少長

又以智走還河朔感慨自謀追理舊業教授汝潁間紹興八年南歸餘姚奏補登仕郎銓試第一復舉進士累官監察御史權右正言論事忤執政移吏部郎才一日力求外補除知鄂州改湖南轉運判官旋復爲吏部郎終國子司業遂自幼至老無一日去書文章法先秦詩法三百篇字畫法鍾王然世罕有傳者姪中立得其筆法有名祀鄉賢

豐誼字叔賈上虞人其先四明人清敏公稷之曾孫也建炎中父治死節維揚誼方四歲虜棄道旁能語人以姓名太夫人購得之七歲能屬文紹興十一年

有詔褒其父之忠補将仕郎監潭州南嶽廟仕至盱眙軍通判知建康軍歷知常台饒衢皆有惠政隆興改元除戸部郎中明年除湖南轉運判官會臺臣有引年之議誼抗章請歸詔從之孝宗搜召故老尋除吏部郎中而卒誼歷官所至政事文章皆有聲于時子友俊登進士爲吏部郎中友議嚴州司戸參軍孫雲貽廣西經畧克世其家治在忠節傳

潘畤字德鄜世家金華與兄甸養於叔父待制默成先生默成與李光爲道義交故光以女妻之因家上虞畤端方溫雅學問氣節爲一時冠主分宜簿遂監

兩浙運司船場改提轄知興化軍以治材見稱仕終直顯謨閣知太平州方光爲秦檜所排投棄嶺海時毅然相其家事始終如一爲監司帥臣風采振揚篆隷楷法皆臻其妙子友端以進士爲太常博士友恭爲江淮宣撫幹官 祀鄉賢

王琰字剛夫其先臨川人父榕來爲諸暨令遂家焉琰敏悟絶人博洽墳典由分寧尉累遷知衡州所至有聲胡銓嘗薦之有曰治經有行亞西漢之名儒悃愊無華實東都之循吏識者以爲確論兄珹字寶臣知通州行業與琰齊名珹子厚之在儒林傳 祀鄉賢

貝欽世字聖美上虞人紹興中進士授西安尉調武康丞居官廉介太守王十朋表薦之改知江陰浚運河數十里溉田無筭而民不知勞事聞詔增秩授建康簽判以疾卒于家祀鄉賢

杜思恭字敬叔上虞人登淳熙進士歷吉州司理平反寃獄發粟賑饑民受其惠官滿解去遮留者以千計終平樂令時名士陸游周必大楊萬里並以國士期之至表薦于朝曰學貫六經文師兩漢可備著述惜未用而卒

黄度字文叔新昌人隆興初進士知嘉興入監登聞

鼓院力言今日養兵爲巨患且屯田府衛議十六篇
上之紹熙四年守監察御史乞分蜀帥吳曦兵柄宰
相難之後曦果挾金虜以叛光宗以疾不過重華宮
度上書極陳父子天親之義不聽遂乞罷去因言忠
臣以孝事君臣父年垂八十菽水不親事親如此何
以事君冀以感悟上心又與臺諫官劾内侍陳源楊
舜卿林億年三人罪浮于李輔國亟宜誅斥皆不納
度遂去寧宗即位詔復爲御史攺右正言將論韓侂
胄之姦侂胄假御筆除度顯謨閣知平江府尋罷歸
侂胄誅寧宗思而召之除太常少卿朝論欲函侂胄

首畀金人度以爲辱國不可以集英殿脩撰知福州始至訟諜日千餘度隨事裁決日未中而畢進龍圖閣知建康府兼江淮制置使至則罷科糴輸送之擾活饑民百萬口除見稅二千餘萬擊劇盜卞整降之斬胡海首以獻招歸業者九萬戶遷寶謨閣直學士度以推轂人物爲已任每曰平生無以報國惟有此耳凡十疏引年不允遷禮部尚書兼侍讀趣入覲丐去愈力遂以煥章閣學士知隆興府歸越未幾卒度志在經世而問學不倦作詩書周禮說多闡精微之蘊著史通抑僭竊存大分別爲編年不用前史法至

於天文地理井田兵法藝祖憲鑑仁皇從諫錄屯田便宜歷代邊防諸書並行於世祀鄉賢

石斗文字天民新昌人隆興初進士任天台尉遷臨安府教授與朱熹爲友丞相史浩薦其學行改樞密院編修上書論朝政言甚剴切其曰朝廷辟如萬金之家必嚴大門以司出入一旦疑守者而别開便門不知便門之私乃復滋甚一時以爲名言因目之曰石大門除知武康軍晚益嗜學不衰云

莫叔光字仲謙山陰人舉進士調永豐尉試學官中選又中博學宏詞科歷著作佐郎尋除起居舍人紹

熙二年春雷雪交作詔條缺失叔光言女謁漸行近習頗政皆剴切人所諱言有布衣俞古上書詔竄之叔光執奏方求言不宜輒罪言者事竟寢遷中書舍人兼權吏部侍郎外戚李孝純者數被譴責至是除閤門宣贊舍人帶御器械叔光曰宣贊扈帶豈宜再用譴罰之人又內侍自正使轉橫行遥郡非故事皆奏罷之叔光外和而內介入西掖纔三年論駁至數十事除權吏部侍郎兼祕書監卒諡文清子子偉舉進士　祀鄉賢

件按宋志以叔光爲山陰人而餘姚近志亦載之今從宋志云山陰故有莫氏裔然亦微矣

莫子純字粹中初以仲父叔光恩補官銓試及試江東運司俱第一慶元二年禮部奏名復第一是歲有旨遵故事免廷策徑賜進士及第簽書平江軍節度判官廳公事除秘書省正字歷遷中書舍人蘇師旦本平江筆吏韓侂胄任爲腹心氣燄熏灸求進者爭趨其門一日過子純于都堂趨前執禮甚恭子純不爲禮師旦已深恨之會師旦當遷官子純又執不可侂胄怒出子純知贛州加右文殿修撰改知江州不赴又改溫州提舉太平興國宮嘉定八年卒子純性姿聰悟慱聞強記立朝之節始終不渝士論歸之（祀鄉賢）

唐聞字識通山陰人以蔭授將仕郎爲台州郡曹治獄恕而有執不曲意阿上指稍不如法輒請去太守劉光以是賢之聞儒術立身其爲吏務在愛民而不爲姑息初罷臨海令以母高年求丞上虞以便侍養人稱其孝云

孫應時字季和餘姚人父介師事胡宗伋躬行古道訓授閭里鄉人稱爲雪齋先生應時八歲能屬文從陸九淵悟心性之學舉進士尉黄巖朱熹爲常平使者一見即與定交任滿去士民欲置田宅留居之辭不受丘崈帥蜀辟之入幕是時吳挺蓄異謀爲朝廷

患會挺有疾乃佯遣應時視之實察其軍情挺盛禮十獻應時辭焉歸告宗益曰今挺且死然其子曦必叛宜因其死遣統制權領其軍而撤總領楊輔兼利州安撫節制之別選材帥以代吳氏可防近患已而挺死宗益如應時計朝議從之一方晏然改知常熟縣已代矣郡將以私憾据摭應時負倉粟三千斛實前令積逋也士民爭擔負代償而應時卒坐此貶秩尋判邵武軍未赴而卒其後吳曦果叛伏誅公卿臺諫訟言應時問學深醇行誼脩飭見識慮遠能爲國家弭患于未然請錄其後詔補其子下州文學應時兄弟

父子世相友愛建世友堂合膳同室衣冠以爲儀則事在古蹟記應時祀鄉賢

李友直字叔益餘姚人史浩初尉姚見友直文奇之妻以女浩既入相而友直在太學同舍生不知其爲丞相壻也既登第銓注蕪湖簿未赴而浩再入相孝宗問子壻孰賢浩曰李友直耳乃除勑令所删定官輪對稱旨上嘉納付其疏中書有言友直驟進乃外補通判婺州攺湖州擢知臨江軍易廣德程大昌曰友直澄之不清撓之不濁淵乎似有道者矣莫叔光謂友直如美玉無瑕可指

宋元之字伯允餘姚人少穎悟與弟元龜同受易於沙隨程迥舉進士光宗初受禪求直言元之極言官爵冗濫士風不競宰相依阿佛老蠹民武事廢弛並切中時弊召赴行在賜對請劇邑自試知弋陽寧宗即位輔臣薦可任臺諫乃自廬州判除諸司審計擢監察御史遇事敢言無所顧忌時韓侂胄用蘇師旦爲腹心招權納賄元之抗章劾之不報因力求去竟以中旨罷歸卒于家

王夢龍字慶翔新昌人慶元三年進士授天台尉辟爲京西檢法官抵襄陽虜大入宣撫項安世咨以征

謀一時書檄咸出其手士皆感動改尚書左銓知龍游金華二縣咸有惠政歷遷大理寺丞極言今日議論不明體統不一邊備所當嚴歲幣所當絕和好不可恃攻守所當嚴言甚懇切上嘉納之擢監察御史首論奸阿苟容士風大壞宜申貪墨之禁又條上備邊備蜀各四事皆一時急務遷宗正卿以歸養辭除直秘閣知温州討平海盜境内晏如主管建康府崇禧觀知婺州撿官田千七百畝爲助役倡民亦各以田助得田六萬有奇以備當役者用又以水旱兩奏蠲二稅民甚德之召赴行在見上論中庸致中和大

槩以爲天造之運非祁寒大暑不足以成歲功豈其約二氣之中不寒不暑而得爲中節乎九官並命四罪咸服刑賞之中節也好賢如緇衣惡惡如巷伯好惡之中節也除司農卿權戶部侍郎以疾歸八年而卒時年八十三猶口占遺表畧以獻特贈正奉大夫會稽縣開國伯夢龍事母以孝問寧宗受禪推恩不以官其子而以官其弟夢錫所著有西銘解諸書祀鄉賢

王爚字仲潛新昌人嘉定中進士知常熟縣敏達有循政通判泰州知滁州攺知瑞州遷籍田令所至咸有風譽歷遷太府卿權兵部侍郎疏請大臣相與憂

危圖治以右文殿修撰提舉太平興國宮召赴行在授集英殿修撰兼太子左庶子極言正論太子聽而説之上聞甚喜遷禮部尚書進左丞相授特進加食邑爚奏臣本志誓死報國願假臣宣撫招討之職臣當招募忠義共圖興復乃授爚觀文殿大學士浙西江東路宣撫招討大使置司在京以備咨訪進少保左丞相兼樞密使尋加都督諸路軍馬累辭不許極言賈似道誤國喪師之罪於是有詔切責似道斥之國是始明尋進平章軍國重事時命張世傑等四道進師陳宜中留夢炎二相都督軍馬爚請二相建閫

吳門以護諸將不然臣請效死封疆不敢辭宜中夢炎乃上疏乞行事下公卿議竟不決已而世傑等兵果敗爚自以不得其職乞罷免乃罷爚平章奉祠爚清修剛勁不阿權倖以元老入相值國勢艱危天下屬望乃與宜中不恊而去不逾年而卒宋亦隨亡矣天下莫不恍歎云　弟華甫字君實登進士知黄巖再知台州摶擊豪貴聲稱籍甚除浙西提刑奏劾郡守朱卞山等皆戚里内降欲回護之華甫堅持必得請乃已爚祀鄉賢

呂秉南字景陽新昌人紹定中進士尉崇安調寧國

法曹獄無宂滯校勘涇邑版籍別疆理清賦稅公私便之改吉州法曹數治疑獄有聲郡有劇盜數月掩捕殆盡後爲淮南東路檢法官考舉合格改都昌令盜攻陷州郡秉南據湖死守邑賴以完政成入預輪對以正君心明道術爲急務語極剴切遷大理寺丞無何拜司農卿時政歸權臣毋除吏必市恩意秉南屢遷無私謝由是以其傲坐免即日渡江歸明年主祠仙都觀所著有南明稿十二卷

劉漢弼字正甫上虞人嘉定中進士用薦入館時理宗欲勉戚里以學詔皇親宅置講官漢弼首被選慨

然嘆曰三舘清流出入貴戚之門豈惟辱身且辱官力辭不就説書崇政殿默寓規諫爲上所簡汪拜監察御史宰相史嵩之引拔私人布列要途葉賁濮牛南皆其腹心漢弼劾之不少貸疏留中不出乃抗章避位東歸嵩之專恣日甚上亦患苦之曰漢弼正色不撓是可屬任者以太常少卿召之臺諫劉晉之等揣上意將有易置亟請寢漢弼新命上怒逐四人擢漢弼左司諫兼侍讀復除侍御史首疏五事且謂權臣以父憂去謀爲起復一時臺諫既不能發一言反忌言者時執政金淵從官鄭起潛濮牛南而下八人

蠹害朝政悉擊去之又論馬光祖奪情總餉實嵩之預爲引例之地乞勒令追服終喪以扶名教又密奏二疏乞令宰臣終喪早定相位至引漢王氏晉賈充爲喻言甚剴切上將大用之竟以戶部侍郎卒于位勑紹興府給喪事賜土田贍其家謚忠公表所居坊曰忠諫祀鄉賢

劉漢傳字習甫漢弼之弟少孤力學弱冠貢於鄉以祿弗逮親絶意仕進沉潛伊洛之旨往見雲源何先生得建安二蔡易洪範之學先生授以奧旨且勉之仕年四十六始舉進士王賁榜簿三仕至監都進奏

院陛對條列廣聖學闢異端伸直氣恤民隱四事又遷司農丞守南康知吉州皆有善政及撫江西提舉時大江失險虜兵逼郡境人心震搖漢傳嚴設警備簡精鋭遮要害民賴以安制書嘉獎除直寶謨閣尋知處州累遷兩浙運使吏部郎官典尚書右銓進司農卿皆力辭自是閒居十一載篤學守道嘗著止善集通鑑會評洪範奥旨若干卷臨終索筆書生爲宋民死爲宋鬼樂哉斯丘兆足行矣之句遺二子遂瞑年七十六　弟漢儀仕不顯而學行嚼然爲時所稱

並祀

鄉賢

張孝伯本歷陽人父寺丞來寓蕭山因家焉登進士仕至華文閣待制知隆興府又知鎮江府召同知樞密院事嘉泰四年進參知政事尋罷歸時韓侂胄方嚴僞學之禁貶斥正人無虚日孝伯謂侂胄曰不弛黨禁恐後不免報復之禍侂胄然之自是黨禁寖解正人始有所容　子郎之字溫夫以父恩授承務郎官至司農丞致仕歸翰墨之妙著聞天下生平志行尤卓然云

楊瑾字廷潤餘姚人父晞正篤厚君子刻意教瑾及瑾弟瑨皆擢第瑾初試餘干尉移監華亭稅從嘉興

守趙篤王抜撩田圍詭匿畢露遂攝華亭罷其縣民積逋及胥吏白納錢酒稅無藝之征吏民請于朝願以爲令從之於是脩經界立義役遷廟縣前令所不能辦者皆次第舉行之華亭人謂自有邑以來未之見也遷判平江送者塡道終大理卿直寶謨閣學問操履文章政事當世推之

毛遇順字鴻甫餘姚人舉進士召對便殿超拜侍御史首論史嵩之不當起復以壞典常三學諸生皆朝廷元氣不宜斥逐以自耗削前後疏凡數十上皆時所諱言者理宗書其名於御屏寶祐初進兩淮制置

使又嘗論賈似道丁大全必誤國乞即罷斥不報元大弟忽必烈聞之嘆曰安得南朝直臣毛遇順者乎遇順官終大理卿

方山京字子高其先慈谿人父逵材來贅餘姚因以爲家逵材以明經教授鄉邑晚登甲科官臨安軍教授山京幼孤旅泊外家固窮力學言行脩謹景定三年舉進士第一人或病其制策過簡勉令益數語山京正色曰既徹上覽矣吾誰欺除簽書平江軍節度判官五年秋衡文天府適彗見山京舉以策士極言内帑之私公田之擾及指摘内庭缺失同事縮頸齚

舌請稍諱忌山京披襟當之遂被劾罷歸貧甚無以爲居食親故爲築室纔庳山京處之泰然無悶也度宗登極詔以前官起山京移建康軍不行尋除秘書省正字乞宫祠進校書郎差主僊都觀得疾遂不起朝野皆惋惜之

孫子秀字元實餘姚人以進士主吳縣簿有稱水仙太保爲妖者子秀毁其像沉其人於太湖淮東總領檄子秀督宜興縣圍田租還白水灾總領恚曰此軍餉所關乃敢爾子秀堅持之是年卒免税令金壇四年縣中大治通判慶元府主管浙東鹽事奏蠲五釐

鹽之困民者衢州寇作擇子秀往守賊悉就擒奏蠲秋苗萬五千石又奏改廢寺爲孔氏家廟于衢如闕里制歷遷金部郎左司兼右司時丁大全攻去丞相董槐謀代之三學諸生伏闕上書十上不得聞子秀促二府就檢院取書徑徹榻前大全怒逐之尋起爲浙西提舉改提刑兼知常州並著異蹟改知婺州婺勢家多匿田隱稅子秀操之急勢家嗾言者劾罷之尋遷浙西提刑犴獄爲清進太常少卿知臨安府以言罷徙知婺州卒子秀性沉毅遇事慷慨敢爲抵掌劇談神采飛動與人交久而益親死生患難營救不

遺餘力聞一善輒手記之喜獎拔後進有古人之風

祀鄉賢

孫炳炎字起晦子秀從子也初以進士爲福州教授歷湖南路帥幹官改淮東餉幕皆盡職入爲宗正丞權吏部郎出知饒州按視厫運米二十萬石請得分限補償乞免專官專吏之擾其新米則按月轉輪詔從之贛寇出沒二廣爲患炳炎不折一矢解散之廣帥劉應龍舉以自代會江上師潰嘆曰此國家危急存亡之秋遂勒所部將校進屯豐城以拒寇尋以言罷歸遂不復起炳炎爲人光明雋偉愷悌靖恭其爲

宗正丞時輪對請劄子言天下大計切劘君德整齊紀綱凛凛無所忌諱朝野傳頌之

孫嶸叟字仁則餘姚人句容令林之子第進士復中博學宏詞科擢監察御史論賈似道罪重法輕當斬之以示國法德祐初元兵渡江文天祥起義兵左相王爚趣天祥入衛而右相陳宜中與爚不相能以故深結留夢炎而黨黄萬石奏使入衛沮毀天祥天祥列勤王及留屯利害皆内忌夢炎莫敢關白嶸叟取所列徑造御前奏之於是復有旨趣天祥入衛仍乞倚任天祥黜宜中夢炎及黄萬石吕師孟以作忠義

之氣時朝議方倚重師孟求好于元不報嶸叟居官竭忠盡智排斥奸回不爲身計精于易道所注有讀易管見諸書官至禮部侍郎兼太子賓客卒謚忠敏

趙彦㦸字元道餘姚人宋宗室也從慈湖楊簡授心性之學精思力行德操醇厚初受世賞入官後以甲科累官吏部尚書兼給事中以文華閣直學士知平江府卒有文集若干卷傳世

岑全字全之餘姚人端平嘉熙間兩貢於鄉薦試詞學擢第授臨安府教授淳祐初進太學博士旋試秘書省校書郎嘗輪對便殿因言近日密院所任皆袁

傯庸鄙小人植鄗自封不圖國計乞賜罷黜以清政府言甚剴切天子爲罷右丞相一人是夏全乞外補丞相以宿憾乃出全監婺州酒稅到婺未幾引疾歸事母以孝聞所著有秘錄集十二卷經傳考疑八卷

徐天祐字受之山陰人以父相恩爲將仕郎銓試詞賦第一尉歸安時年尚少即以吏事稱嘗出郊吏具供帳甚飾天祐詰所出吏以例對天祐曰費出於官則犯法於民則重擾例安可用盡却之貴人居邑者將囑事出謂人曰吾見尉自不敢有所請中進士第爲大州教授日與諸生講經義聽者感發德祐二年

以國庫書監召不赴退歸城南杜門讀書四方學者至越必進謁天祐高冠大帶議論卓卓見者以爲儀刑

施德懋會稽人端平間進士知建平以操幹聞值歲饑多方賑救全活甚衆縣故有學士以無養失業德懋奏置田五百畝招徠俊秀躬教飭之士類聿興秩滿遷審計司

許臬字養浩嵊人玄度之後景定初進士教授金陵累官太學國子錄時丁大全用事諸附麗者皆通顯有沈翥者爲之腹心藉勢輒禍善類太學六館士以

上書獲罪徙他州時劉黼寓越在遣中㮚往見之義形于色作書切責翕翕怒將並置于法人危之㮚曰吾以此得罪夫復何憾時論壯之後宋亡避居東陽遂卒而瘞焉祀鄉賢

元王艮字止善諸暨人以鄉貢士補淮東憲史未幾例革南士授廬州錄事判官以廉能稱浙江行省辟爲掾史會朝廷復立諸市舶司艮從省官至泉州建言若買舊有之舡以付舶商則費省而工易集且可絕官吏侵欺掊克之弊中書省如艮言凡爲舡六艘省官錢五十餘萬緡歷建德縣尹除兩浙都轉運司

經歷紹興路總管王克敬以計口食鹽不便嘗言於行省未報而克敬爲轉運使集議欲稍損其額以蘇民困沮之者以爲有成籍不可改艮毅然曰民實寡而強多賦之令死徙已衆矣重改民籍而輕棄民命可乎且浙右之郡商賈輻輳未嘗以口計包移其所賦散於商旅之所聚甚便於是議歲減紹興食鹽五千六伯引至以去就爭之而議始定遷海道漕運府經歷紹興之官糧入海運者十萬石城距海十八里歲令有司拘民船以備短送吏胥得並緣爲奸及至海次主運者又不即受有折缺之患艮執言曰運戶

既有官直何復爲是紛紛也乃責運戶自運入船運船爲風所敗者當覈實除其數移文往返連數歲不絶艮取吏牘披閱之立豁其糧五萬二千有奇遷江南行省檢校官有詣中書訴松江富民包隱田土爲糧二百七十餘萬石沙蕩爲鈔五百餘萬緡宜立官府糾察收追之中書移行省議遣官驗視艮至松江條列纖悉以破其誣妄且言訴者不過歆竦上聽而報其私怨且冀創立衙門爲徼名爵計爾萬一民心動搖患生不測非國家之福事竟得寢除江西行省左右司員外郎安福小吏誣民欺隱詭寄田租九千餘

石初止八家前後數十年株連至千家艮到官首言是州之糧比元經理已增一千一百餘石豈復有欺隱詭寄者乎行省用艮言悉蠲之歲餘謝事歸卒年七十一艮平生慷慨有大志慕范文正公之爲人元士論南人之賢必以艮爲巨擘云祀鄉賢

楊實字國華諸暨人明經且通武畧補州弟子員累舉進士不第遂棄去築室桐岡博綜群籍攻苦食淡不饋櫛者十餘年延祐間以耆儒徵乃起歷知吉州軍事逋寇犯境勢張甚實募驍勇數百人躬爲先鋒奮擊悉平之以功擢淮南東路檢法尋陞都奏進院

檢試南宮號稱得人遷大理寺丞

胡宗道嵊人宋尚書璟之後任江西貴溪縣勾稽簿當闔越之衝綜理煩劇愛民如子解任歸士民傷之

興紹府志卷之四十